绝徼移栽桢干质
—— 西南联大问学拉杂谭

龙美光 ◎ 编

民国书刊上的西南联大记忆

云南出版集团
云南人民出版社

图书在版编目（CIP）数据

绝徽移栽桢干质：西南联大问学拉杂谭 / 龙美光编
. -- 昆明：云南人民出版社, 2018.12
（民国书刊上的西南联大记忆）
ISBN 978-7-222-17702-4

Ⅰ. ①绝… Ⅱ. ①龙… Ⅲ. ①西南联合大学—校史
Ⅳ. ① G649.287.41

中国版本图书馆 CIP 数据核字 (2018) 第 262438 号

出 版 人　赵石定
责任编辑　陈　晖
装帧设计　马　滨
责任校对　周　彦
责任印制　李寒东

绝徽移栽桢干质——西南联大问学拉杂谭
龙美光　编

出　版	云南出版集团　云南人民出版社
发　行	云南人民出版社
社　址	昆明市环城西路609号
邮　编	650034
网　址	www.ynpph.com.cn
E-mail	ynrms@sina.com
开　本	889mm×1194mm　1/32
印　张	8.375
字　数	220千
版　次	2018年12月第1版第1次印刷
印　刷	昆明瑆煋印务有限公司
书　号	ISBN 978-7-222-17702-4
定　价	46.00元

云南人民出版社公众微信号

如需购买图书、反馈意见，请与我社联系
总编室：0871-64109126　发行部：0871-64108507
审校部：0871-64164326　印制部：0871-64191534

版权所有　侵权必究　印装差错　负责调换

编者絮语

龙美光

编完"民国书刊上的西南联大记忆"文丛，长长地舒了一口气。这是十五六年来我搜集西南联大文献资料的阶段性成果。

"北清南合，联大花开。"在中华民族八年全民抗战的征途中，联大已成为文化抗战的璀璨星辰。土坯墙的茅草屋内和铁皮顶下，联大人精研学术，读书救国，空前绝后的艰苦环境并未磨灭他们的心志，反而使他们越发奋起，并加速了各项伟大成就的开创。他们说："只要读书救国好，哪妨菜坏吃不了？"在抗战号角声中，她的诞生与成长，就是如火如荼的全民抗战伟业的生动反映。

美国学者易社强指出，联大的遗产是属于中国的，也是属于全人类的。近年来，美国、日本等国均相继出版了研究专著。在国内，联大也越来越被各界所认同所钦慕，各类文著层出不穷。

不过，需要正视的是，联大的研究更有赖于文献资料的支撑。自联大于长沙肇始以降，已出版的联大时期文献仅有1939年出版的《西南三千五百里》（日记集）、1946年出版的《西南采风录》（歌谣集）、1946年出版的《联大八年》（征文集）、1998年出版的《国立西南联合大学史料》六卷本（档案集），以及2018年出版的《郑天挺西南联大日记》（日记集）等，其他已问世的多为数十年后的回忆与研究。上列诸书，仅有印制恶劣的《联大八年》是联大时期回忆文集，我十几年前得到该书时，就急切地想要为其编一套姊妹书，收录其时在书、报、刊发表过而后未曾在联大专书中露面的一些文字，使人们更深层次地了解联大。随着资料搜集进程的推进，这一梦想如今终于变为现实。

这套文丛中的文字，都是在抗战艰苦异常的环境下联大师生和社会各界人士的真实见闻和真情感知。文丛的近400篇文章，全部采自民国时期付印的数百种书、报、刊，作者群星灿烂，角度各异，内容繁杂，涉及面广，最大限度地忠实保存了联大本真状态，将使所有关注、热爱联大的读者对联大的研究和认识更深入透彻，有助于人们走近走进、研究探讨和学习实践联大文化，更好地弘扬中华优秀传统文化，继承中华文化精髓。

较《联大八年》而言，本文丛收录的文章时间跨度更大，涉及面更广，视角更全面，现场感更强，可读性更佳。文丛体裁多样，以回忆录、信件、日记、评论、报告文学、新闻通讯、诗词等，从不同侧面、不同角度彰显揭示了联大的办学历程和办学精神。编者将这些生动反映联大的文字，依其内容，大略别为九册。其中：

——抗战烽火，学府西迁。《八千里路云和月——长沙临时大学播迁记》载录了全面抗战爆发后，长沙临时大学建校的历程，及其后长沙临大辗转迁徙昆明改称西南联大的历史记忆，翻启联大不可磨灭的史册开篇。

——笳吹不绝，弦歌不辍。《笳吹弦诵在山城——西南联大学术风景线》呈现了联大身处边城，在艰难困苦中坚持学术，弘扬文化，形成联大学府异常活跃的学术风景线。

——爱国阵地，青运先锋。《我以我血荐轩辕——西南联大爱国运动纪》透过团体活动看联大，从不同侧面展示联大的壁报、社团等活动，是联大爱国运动的缩影。

——九州遍洒，黎元热血。《一寸山河一寸血——西南联大抗战救亡曲》反映了联大师生在烽火警报声中，心系家国存亡，积极投身抗日洪流，以投笔从戎等多种形式，谱写的慷慨激昂可歌可泣的抗战救亡曲。

——身处西南，动心忍性。《布东考古布西算——西南联大师生众生相》再现了联大师生克服居无定所、物价暴涨、空袭频仍等穷窘考验,直面生活,致力学术的不屈不挠精神。

——绝徼移栽,问学树人。《绝徼移栽桢干质——西南联大问学拉杂谭》实录了联大作为我国最高学府的联合体,移驻云岭,以学术救国的时代担当,顶天立地,攻坚克难,成为社会文化引领者的风貌。

——导扬文化,壮怀难折。《南渡流难寄山河——西南联大服务边疆志》记叙了联大师生立足云南,脚踏红土,心系山河,深入西部进行社会、人文、自然考察,投身边疆开发的情形。

——中兴大业,更须人杰。《五色交辉聚人杰——西南联大人物风采录》彰显了联大以"大学者,有大师之谓"的恢宏气魄,展现了一代名流巨擘的英才风采谱。

——斯文一脉,如山如海。《刚毅坚卓未央歌——西南联大精神漫笔集》颂赞了联大以三校"不同之历史,各异之学风,八年之久,合作无间,同无妨异,异不害同,五色交辉,相得益彰"的办学气质所铸就"刚毅坚卓"的风骨。

以上九册,虽各有侧重,然而又相互联结渗透,相互渲染补遗,美美相成。无疑,这是一部雄浑壮丽的西南联大纸上纪录片。

为使读者更真切地进入当年的语言环境和文化环境,除了对明显的错讹进行修订外,编者尽可能尊重原文风貌,一律不作改动。例如"那"(哪)、"底"(的)、"化"(花)之类民国时期遣词用字,以至其标点符号,便一仍其旧。

囿于时代局限,有些文章存在对少数民族的蔑称(如"夷人""罗罗""倮倮""苗子"等),以及对少数民族风俗习惯的误读讹传(如知识落后、手段野蛮等),但这也是当时社会历史的真实写照,为了有助于民族史社会史研究者,多未作更动。文丛也容纳对联大的各种批评甚而误解,这些不同的声音,恰恰反映了联大包容万象的一面。

有人说抗战时期最有效率的两个机构，一是西南联大，一是速记学校。而这套文丛的编辑却历经七年才告完成，相较联大真是效率颇低，甚感惭愧。文丛编辑之初我新婚的妻子刘仁芳参与录入大量文字，时小儿龙景湘正于母腹中孕育，如今孩子已在迈向小学新生的路上，九本小书才呱呱坠地。文丛编竣付梓，似乎自己也置身联大之中，与师生们一起在警报声中抢时间、抢洗脸水、抢饭菜、抢书籍、抢座位、抢听讲演、抢出壁报、抢泡茶馆，与他们一起创造无与伦比的西南联大故事。

文丛的编辑出版，得到了云南师范大学和云南人民出版社的鼎力支持。成书过程中，西南联大研究专家，有关方面的师友、同事、学生，以及云南大学秦树才教授团队助力编校工作，使得此书能够顺利付梓。谨此一并致谢！

文丛自2011年启动编辑工作起，即通过微博等多种方式查找书中作者的联系方式，但至今为止，有关的信息反馈寥寥。在此特别拜托文丛的有关作者及其亲属与编者联系。

当然，有关西南联大的战时文字不止这九册的规模。不算西南联大师生在战时撰写的著作、文论、报告等等，单就讲述西南联大故事的文字而言，笔者手中尚有十数万字未及整理，其后或有增补或续编，敬请读者诸君期待。由于编者水平所限，加之许多民国文献印刷模糊难辨，缺点错误在所难免，祈望学界同仁和广大读者不吝赐教！

二〇一二年七月，写于昆北盘龙江畔
二〇一六年六月，改于西南联大旧址
二〇一八年十一月，定稿于云南师大呈贡校区

目 录

编者絮语　龙美光

国立西南联合大学的长征与鸟瞰　莫德昌 // 001
三位一体的西南联大　金　刀 // 021
联大的今昔　天　水 // 025
供献给投考西南联大的同学们——自昆明寄　沈嘉猷 // 032
介绍西南联合大学　贾　朴 // 037
告欲来滇升学的青年　刘继邦 // 044
在蒙自西南联大　陈　达 // 048
国立西南联大在云南　徐志鸿 // 053
联大在蒙自的时候　沈星辉 // 057
记蒙自　若　予 // 063
关于高等教育——应走那一条路?　了　了 // 069
西南联大在昆明　白　圻 // 071
万里归鸿话联大　系　言 // 076
离乱纪闻：记国立西南联合大学　胡　嘉 // 081
侥幸进了西南联大　丁　宁 // 091

西南联大的前身和现况　冯绳武 // 094

学术斗士在昆明——研究精神不为环境所限　玉　章 // 103

昆明十九日小记　百　川 // 107

国立西南联大记　张春风 // 127

联大文法学院近况　丁则良 // 139

联大工学院近况 // 141

西南联大　冠　翰 // 143

西南联大剪影　白　云 // 145

西南联大学生生活　抢座位·抢借书　白　水 // 150

抗战中产生的西南联合大学　石　横 // 153

关于西南联合大学　鲁　明 // 164

抗战以来的西南联大　查良铮 // 172

西南联大在昆明　伍　生 // 179

我们在西南联大　白　仑 // 186

西南联大拉杂谭　天　籁 // 188

西南联大师范学院　黄钰生 // 194

从西南联大说起　刘　钊 // 196

习传散札　班　公 // 201

抗战四年来之西南联合大学图书馆　严文郁 // 211

国立西南联合大学图书馆概况　联大图书馆 // 221

清华大学图书馆劫后经过概述　佚　名 // 227

西南联合大学新校舍记　郑临川 // 231

自由教学的西南联大　自　汧 // 233

淡写联大　亮　生 // 236
西南联大两教授之红学讲座　向　隅 // 239
从先和现在——为新诗社四周年作　冯　至 // 241
昆明大学生在轰炸之下有的是积极的办法　文　化 // 245
该不是个大教室在会考吧——西南联大图书馆印象　张鸿书 // 248
有志升大学者应注重英文——自西南联大来函　陈安荣 // 250
联大学生自治会——自昆明寄　陶　愚 // 252
刘文典的文章作法　立　达 // 254

// 国立西南联合大学的长征与鸟瞰

莫德昌

一、从平津到长沙临时大学时代

这是一个真实的道理——世上没有生来就是坚强不屈的东西,而是从许多艰难困苦中锻炼出来的。钢是最坚韧的金属,但从地下掘出来的时候只是一块普通的铁锯而已。烧砖亦只用一片柔软的粘土,但经过熊熊烈火的锻炼,便成为极坚固的东西。孟子所说的话也含有同样的真理:

"天将降大任于斯人也,必先苦其心志,劳其筋骨,饿其体肤,空乏其身"。

国立西南联合大学的学生,像其他战时的大学生一般。实在都是从战争中最艰苦地磨练出来的。他们曾赴汤蹈火,经过了许多酸甜苦辣的境遇,负上了保存祖国文化的神圣使命,来寻觅一个更光明崭新的园地,来延续他们的学业和策划建设战后中国的新文化。

七七的第一声炮把他们从平津两地庄严的学府中的平静的梦中震醒,从炮火声中,从瓦砾堆中,他们抢出了一部分图书和仪器,心中充满悲愤,匆匆地逃出了死的巨掌。他们目睹自己的校园,图书馆和实验室都被无情的炮火所摧毁,以及那充满了历史陈迹的故都无端为敌手攫去。他们和一般市民一样,赤手空拳地怎样抵抗?他们无法抵抗敌人的利器,但他们仍要奋斗,恰如一个水手,当船只被陡起的飓风袭击,而浮沉在无涯的波浪中时,仍要奋力游泳一般。

在这严重的关头,许多学生由于感情的冲动,抛弃他们的书本和仪器,投进了游击队。另一部分为了憧憬战争所带来更多可怖的灾难发呆了。于是他们跑到另一个极端,寻觅种种的麻醉办法来泯灭目前的痛苦。

但是一个迫切的危机的认识很快地恢复了他们的知觉。他们明白假如不立刻振作起来挽救他们数千年来所积累的文化遗产,那么这种可宝贵的遗产,即将为战争所摧毁而使日后无法恢复。他们更不知道,虽然国家为了自由独立,决意牺牲到最后一滴血,却能偿付她的文化被摧毁蹂躏的代价。

责任明决地号令他们蚁集于统一战线之下。个人主义已不是现在所应该谈到的了。他们毫不迟疑地决定了北平、天津沦陷区的各大学的师生有响应起来站在一个旗帜之下相互补助教育设备之不足的必要。在这理想之下,教部便命令成立包括两地的三大学:国立北京大学,国立清华大学,私立南开大学——的临时大学于长沙。在黑暗的北平城原本尚有一部分教授滞留着，但当这消息传布出来之后，教授们和学生们都开始南下了。他们应用各种方法伪装着逃了出来。还有另一部分的学生，事变后即加入游击队或正规军担任工作，现在也明了他们所负的"更伟大的责任"，于是都从战区的每一个角落里归来了。那时清华大学工学院的学生，在山东济南做暑期野外测量的工作，幸而他们都把全部经纬仪，水平仪等一切测量器完好无缺的搬了来。

一九三七年十一月九日，三校的全体师生齐到长沙来庆祝国立长沙临时大学的诞生。如今表面的形式是不注意了，每个师生都迫切地感觉到他们的责任重大。校舍都是临时商借或租赁来的。从战区中抢出或偷运出来的东西都迅速地修理及补添好。事实上只有很少的东西没有运出来。书籍，仪器甚至私物都是大家分着用，一种不分彼此的精神流行在这大学里面。

因为情况特殊，临大必须将各学院散布在不同的地点。理学院占领了一个坚固的新型二层楼的建筑物——长沙圣经学校，与法商学院的各学系及办公处分用着。

工学院的学生得了南岳山边的国立湖南大学的允许，应用他们的讲堂及实验室，更幸运的，他们占得了清华大学新建的校舍权作宿舍。

长沙时代，各科的讲授照常进行，实验室，图书馆都塞满了学生。工程材料在试验中，科学的论理不断地以实验方法来反复证明。学术讨论组在热烈地举行着，甚至莎士比亚及米尔顿的诗都精详地被研究及鉴赏着。假如有人目击这些情景，他一定大大地惊叹临大学生这些乐观的态度。在外人眼光里，这种精神真是不可思议的，因为正当烽烟满地，血腥遍野的时候，他们如何尚能安静地继续埋首书丛中去追求知识呢？在表面上他们的确是专心地苦干着，其实他们的内心是被一种痛苦而悲壮的感觉所笼罩着，好像在战斗的"最后一课"中，老师和同学们所共同感到的一般；虽然国家认保存知识分子为战争底灾难前的一贯不变的政策，而同学们本身亦不会卒然舍弃他们未完成的学业。

临大一同学曾有以下的一段日记：

"今天开学注册时，当我看见注册组内人头挤（攒）的现象和图书馆里同学争抢那些无用的书本那种可怜的情形，心里真感到一种莫名的疑惑。

"是的，我们被社会宠爱够了，我们被称为中国的英杰，人类的精华，但是这许多废纸能帮助我们挽救国家的危难吗？甚者，我们得能这样安静的来埋首书本，而不知用几许同胞的鲜血赎来，试想我们有权享受这些恬静和舒适的环境？

"从国家的立场看来，我们真是罪恶满盈的懦夫！我们能惺惺作态地说：我们是在一般以上的，所以应该保存，来推诿执干戈而卫社稷的责任吗？……………"

这位同学所说的本不是正确的态度。要知现阶段国家所需求的并不是人力而是军火。国内的充实与发展以及更高的战时生产效率，藉之必能渡过这非常的危机。盲目的冲上前线给敌人当靶子，是与为了目前而放弃了更光明的未来同样地愚蠢。

我们所应取的态度实应照胡适博士在一九一五年为了日本乘欧局严重时提出无理要求所写的"告留学界书"所讲的。胡博士说，"我觉得在这个时候我们学生所应取的路途是这样的。让我们镇静，让我们尽我们的责任，那就是读书。让我们不要给淆混的新闻移动我们严重的使命，让我们自己严肃地，冷静地，镇定地和不变地去读书，和准备我们自己去挽救我们的祖国。倘若他能在这危机生存——我准信他能够——或者是从死亡里复生过来，倘若是需要的话"。

胡博士的一段言论实在包含着一个非常的远识，使我们明白怎样才是战时文化界所应取的理智态度和真正的态度，同时给现阶段国难中的热血奔涌的青年一个好教训。

在汉口未失陷以前，长沙并不算接近前线的。可是把这个教育机关设在一个每刻都有敌机侵入的危险和随时都能被破坏一切的大城市中并不是一个好的政策。而且浓厚的战争空气笼罩着这城市，把学生们的情绪激荡起来，致使他们无法安心致力于读书。

那时学生的个人生活是很苦的。在北平时他们有过舒适的日子。在极大的，空气充足的近代式的宿舍和在像每个大学都有的设备清净的食堂内享受他们合乎他们合乎卫生的食品。现在的他们却住在破烂的房里和睡在潮湿污秽的地板上的硬木凳上和吃那些仅足充饥的食品，而谈不到味道和营养，但他们仍用一种英伟的精神来忍受一切。他们知道他们国家的自由是在最危急的关头，肉体的享受是等于零的。

在第一个学期完结（27，11，21）前，学校管理当局已经决定把学校迁往内地。在北京大学蒋校长和蒋委员长会面中便决然地确定昆明是目标的地方。

消息宣布不久，学校为了迁移的便利，便把教授和学生们分成许多小组。一大部分的教职员和学生取道粤汉铁道到广州，从香港乘船到越南，再由滇越铁路继续他们的行程到昆明。一小部分的自愿者包含教授和学生沿着公路步行到湖南、贵州而到昆明。这股团体组织具有一个目的即在中国西南省分作关于人民生活状态的实际调查。

一九三八年四月，第一部同学乘车到广州，在岭南大学受着热着的招待。岭南学校当局开放了一部分的教室和校舍为安置他们舒适的住所。同时每一个教职员会为着表示他对他们忍受着的英伟的精神和痛苦举行欢迎会来款待他们的宾客。虽然学校是充塞着南方和北方的同学，但是一种真诚毕露的精神和友谊却融溢在里面。他们在岭南大学短期的小住留给他们一种珍贵的和永不泯灭的纪念。从广州到昆明的沿途上，设立许多问询的机关，来帮助学生解决旅行的问题。每个学生同时从学校领到一笔款项，来作他们途中的旅费和其他的费用。

二、湘滇间三千五百里长征

步行团是在军事管理下组织的。他们的起居都很严密地受军事的纪律。团中每一个团员都发一个小包，内中包含一件黑棉大衣，一件制服上衣和一条制服裤，一个行李袋和几件装食物和饮品的器皿。三架运货汽车是雇来装他们每个人的行李书籍和设有护外的椅子来预备万一时给那染病负伤的团员。全团包含三百多学生和十五个教职员。内中有著名学者如李继侗（生物学），黄子坚（教育学），曾昭抡（化学），闻一多（中国文学），袁复礼（地质学）和许多讲师及助教。在启程前，他们列队聆听湖南省主席张治中将军的命令，张将军向他们发表一长的谈话勖勉的语句。在黄师岳将军领导下，在二月十九日，在全城热烈地庆祝新生活运动第四周年的那天离开长沙。他们在国旗飞扬下前进。他们在午夜渡过了河，二十二日晨到达清水潭的岸边。

渡清水潭登陆，一小段的步程便带他们到了全程的第一个城市——益阳。经过这个城市便踏在湘黔公路上，这就是在未达到目的地前三千五百里路程的真正开端。为了篇幅的限制，他们在旅行中度过的生活很难加以详细的描写。一个简单的摘要也会看出他们怎样艰苦和疲乏地完成他们的路程的。

从益阳出发，第二个目的城市便是沅陵。位在湘西边境的沅陵。

在沅陵，他们被困在雨雪中达四日之久。因为道路损坏，使他们不能不乘坐载重汽车而达下一站。经过几个市镇之后，他们到了黔边的一个重镇——镇远。在市镇的附近，他们第一次拜访了苗寨——一种住在中国西南内地山中的苗族同胞。苗人用土风歌舞来欢迎他们。他们继续从镇远前进,途中经过施秉及黄平县的重安。从黄平县城到重安那一段是湘黔公路最险峻的一段,蜿蜒起伏在深山中,拔深几乎在一千五百公尺以上。

在镤山,他们参加了一个地方政府举办的汉苗联欢会。在那里,他们看见不少奇妙珍闻的故事,听到不少神秘荒野的土乐歌舞。这些,他们以前是梦也梦不到的。

继续他们的旅程,再经过若干小镇市,便抵达贵州的省会——贵阳。在贵阳住了四天,然后行抵安顺。虽只是一个小镇市,但繁华的情形只次于贵阳。安顺附近有许多名胜,如火牛洞、石筍、石柱的奇迹,及壮丽的黄果树飞瀑等。离安顺向西进发,跨越盘江,逶迤地步上弯曲的羊肠小道。最后,他们经过安南而普安而盘县,越过了滇黔交界的德胜关,终于进入云南境内。

四月二十八日的早晨,他们怀着愉快,抖起颓衰的精力,大踏步地进了昆明的城门——三千五百里长征和两个月零十天的苦行终点。

外国学生假如要想象在中国内地旅行,那真不是一件容易的事。没有好的公路,没有卫生工程的设施,更无舒适的小客店来为渡夜之用。甚至没有美国内地旅行常有的"木屋"设备。

逢到天气恶劣的时候,人要辛劳地缓步穿过崎岖泥泞的小径,晚上就寄宿于一个暗黑的茅店的潮湿草堆里让蚊虫,跳虫,臭虫来咬。他们要蜷伏就食于道旁的面店,或偶然跑进一所被当地土人目为纽约的华尔道夫爱司多拉酒店或伦敦兰花园酒店一般的奢华的饭馆来咽下一顿炒饭或一块辣酱肥肉一类的东西。

但是同学们所忍受的艰辛是由获得的许多珍贵的材料及经验而偿还了。他们看过许多在战前无缘见到的奇异的有价值的东西。他们接触了祖国的内心，认识了本国民众切实的生活状态。这些，他们以前怀有很含糊的印象。至于黄果树附近大瀑布的壮观，镇远石洞，石笋，石柱之奇丽景致，黔者穷瘠的地带，汉苗两民族的许多隔膜，以及湘西未开垦的肥沃林田，一切都令他们更深地认识本国一般困苦和富庶的情形。在这次旅行之后，他们知道那一处可谓为中国的"黄石公园"，怎样才能解决民间的疾苦，和改良他们的生活，怎样才能减少汉苗民族间的种族观念以教育培养汉苗间之互助和友谊，什么地方要用科学种植方法才能开垦出肥沃丰富的福地。最主要的还是唤醒当局注意到积极改进公路的情形及发达内地的交通，使一般人能更深切地认识祖国内地的大势。

然而他们是被迫而接受这难得的机会的。要不是抗战的话，他们或者仍蜷伏在从前的地方销磨他们的时间精力在典籍上，好像中古的僧侣只知蜗伏在斗室中一样。

三、蒙自时代——西南联合大学的形成

从海道经安南到达蒙自车站时，很诧异地，欢迎者的旗

帜上书写着"国立西南联合大学"的大字。原来这名称已代替了国立长沙临时大学了。

因为适当房屋的缺乏,西南联大决定分成两大部分。文法学院决定设立在蒙自。在那里,前海关及法领事馆的房子都租来应用,还租了一大片平房,当作宿舍,讲堂,图书馆等。

同时,理工两学院幸运地留在昆明上课。由于地方当局的辅助,租得了全蜀迤西两会馆,省立昆华农业学校和省立昆华师范的校舍。——原校因政府疏散的命令迁到乡下去了。

在这状况下,学校慢慢地安定下来了,新的设备和图书刊物的补添,恢复了以往遗失的数目。

工学院租定了城南大车站对面的两个会馆做院址。此后便忙于修缮的工程,和各部门的扩充工作。不及数月这个学院也发展得差不多了。还建了一个尚算得过去的工厂作为学生实习之用。

理学院在大西门外也找到省立昆华农校的房子来上课。这座校舍用建筑术的眼光来看,远较长沙时期的圣经学校来得雄壮。

三个月过去了,全部光阴都用在建设上面。此后这所大学校才定下来。一九三八年五月八日第二个学期开始了,学生们的希望更为满足了,三个月的长期流浪之后,他们到底呼吸到充满阳光的南国的空气。在蒙自,他们的校舍不再局促于环绕着校舍四周的地面上,而扩展到这个通着铁路的小市镇的全部。那儿有一个雄伟的南湖,下课后他们可以在如镜的湖边散一小会儿步，或者月夜里他们在湖滩头举行野火会来慰遣他们的乡思。市街林立着许多咖啡店，在店里他们可以拉知心的朋友来谈笑，或者找些同学来开激烈的辩论会。自然的美景，苍老的城垣，泥盖的民房以及古代遗留下来的建筑物，把这座小市镇衬托得那么神似北平，令他们宛如在人地两生的异乡找到了一个家。虽然有许多同学家在战区，金钱的援济断绝，以致手里非常拮据的过着日子，实际当这危急存亡之秋，他们也不大介意他们所受的痛苦。

直到这个时候，将他们在前线上热烈的牺牲着，与敌人挣扎着，这样才能够保护我们安居在后方而不致于受到战争的祸害，试问我们学生除了循着发扬文化的途径尽他们的责任去造福同胞，加强国内的精神以外，他们凭着什么权利可以得到这样的幸福和欢乐呢？这样于一九三八年七月二十一日结束了第二个学期。

四、昆明时代

暑假期内一部分学生在昆明的集中营内受军事训练。同时学校把留在蒙自的两个学院移到昆明来。

八月间敌机轰炸昆明，昆师的一部分建筑物被炸毁了，幸而大多数的住宿学生都躲开了这场飞机的横祸。不过仍然有三个人——一个学生，一个校警，一个工人遇害。私人的财产也受了相当的损失。这回轰炸以后，为了要补救校舍的损失，学校租了所有昆华中学和昆华工业学校的房子做学生宿舍。

十月间广州丢了,不久武汉也跟着陷落在敌人手里。遭局势逼得更大的一群学生要从战区跑到西南各省来。设在昆明才盛巷内的注册组顿时教那些从战区来的学生挤满了。他们恳求进这大学当转学生,这个大学眼看着要闹人满之患了。当时它本身实在容纳不下那么一大堆的学生。不过学校不管这种困难,仍然尽量的收容他们。战前,为了要维持一种高的大学教育程度,这些大学当局对于他们举办的入学试验是非常严厉的。唯有这样他们才能从芸芸的应考者当中淘出些儿精选的学生来。

这种传统的办法在战时委实有点难以维持,摆在眼前的似乎只有两条路子——一个大学要是不肯严于入学考试以便拒绝多数够不上公认的大学程度的学生,那么就要"来者不拒"地滥收学生,而以学校本身的品质为孤注一掷。头一条路趋向于作育一些心智清明的学生,而丝毫也不理会那些想进而不能进来的人。后一条则予那些渴想念书的人以宽大的机会。不过这么一来就惹起了一种程度降低的危险了。

联大因是看上了一条介乎二者之间的中庸之道。学校肯从宽地收容学生,但同时严密地注意每一个学生进来以后进修的情形。要是一个学生,总不见有怎样的进步,或是他的行为不检点,那他准会受到被开除或停学的处分。这种政策,在一个国民精神总动员月会里梅贻琦博士已很明显地表示了出来。

"我们学校",梅博士大意说,"绝不希望变成一个难民营。我们诚心地欢迎那些能够证明他自身值得在此国难当头受国家培植的学生。不过,要是谁当学校不过是一个有膳有宿的逆旅,要是谁老是在轻佻的行动里暴弃时间与精力,那么他可体会错了学校的主意了。我们准得把他摒诸门外"。

这种从宽录取学生的政策大受教育部的支持。它的本身也有相当的成就,并且被确认为从战区里来的学生的福音。

一九三八年十二月,这大学又从新开始上课了。工学院仍然保持着原有的地方。此外,它所包含的各个部门也经过了一翻革新和扩充的功夫。

在昆明城西所有隶属于这大学的房子分配如下:

昆华农校的主要建筑物被派做教室,各系办公室和女生宿舍。一所宽广而空气流通的膳堂改成了一个容得下五百人的大图书馆。环绕这座校舍的是一片片的香稻田和青草地,这样就把城市的骚躁隔绝开了。大楼前面有一个不很大的操场,四周铺好一条水泥的跑道,如此,这个地方就被当作一个田径运动兼锻炼学生体格的操场。住在这里的要进城去,他得先走出这校舍后边的一个小门,经过一段短短的马路,再跋涉十五分钟的泥路,才能够到大西门口。昆中南院,昆工的房子和重修好的昆师都做了男生宿舍。昆中北院则住着师范学院的学生。

一九三八年上学期全校注册的学生介乎二千五百到三千之间,原来三大学的学生占全体的五分之二,其余都是转学生。北大清华南开。三校的原有教授除随着长沙临时大学迁来的之外,各系里也添聘了不少新的教授。在一九三九年中全体学生的学业尚能有条不紊地颇有成就地进展着。

  这大学初到昆明来时,学校当局就打定了主意要盖自有的临时校舍。不久在农校边上一块接连环城马路的地皮被挑了出来作建造许多平房之用。第二学期终了之后,农校被原主收回所以这个营生的计划更见努力地进行着。同年夏季,新校舍全部落成。整个的校园分成四区:西区的三十六个活像美国黑人住的分离着的草盖的泥房子,这些都是寝室,每室大约有二十张双层床,这就是说每间容得下四十个学生。东区全是讲堂,这些讲堂和上述的宿舍差不多大小,不过盖得较为好些,更通气一些就是了,而且屋顶都是马口铁——锌铁皮做的。跟讲堂盖得一模一样的各系图书馆和办公室占有了整个的东北院。全部的中心盖上了一间极大的高出附近其余的建筑物之上的大图书馆。里面能容纳一千人左右,通气环绕调适的设备也颇算得讲究。图书馆后面有两间大膳堂毗邻着东区内许多平房子。大门口临着环城马路,对过就是南区,区内是理学院各系的办公室和实验室,医务所和清华□养研究所。全部建筑虽还不够这大学的实际需要,不过在事实上谁要见了这繁杂的计划能在短短的一年中完成,也不免要惊叹一番的!

五、国立西南联合大学近况

  国立西南联合大学目前具有五个学院:——
  文学院:院长冯友兰

系别：中国文学系，外国语文学系，历史学系，哲学心理学系。

理学院：院长吴有训

系别：数学系，物理系，化学系，生物学系，地质地理气象学系。

法商学院：院长陈序经

系别：法律学系，政治学系，经济学系，商学系，社会学系。

工学院：院长施嘉炀

系别：土木工程学系，机械工程学系，电机工程学系，化学工程学系，航空工程学系。

附属于这大学的师范学院是最近才由教育部组织好以便于给中等学校训练优良的教师的。师范学院的学生一定要读教育原理，教学法和普通心理学等的必修科。

院长黄子坚

系别：教育学系，公民训育学系，国语学系，史地学系，算学系，理化学系。

联大既然是从前中国三个大学的并合，所以教职员中拥有不少有名的学者。这大学的文理两学院可以在全国各大学中首屈一指。这两个学院现在是在下列诸位名教授指导之下：叶公超，吴宓（文学史），燕卜荪休假，——从前是剑桥大学的教师。吴可读（英语），陈福田（小说），柳无忌，潘家洵（戏剧），莫泮芹（英文），著名的诗人朱自清，中国化学会会长曾昭抡,吴有训(物理),汤佩松(物理),有名的哲学家冯友兰,罗廷光(教育),及最近牛津大学聘去讲学的陈寅恪。

法商学院也在同样有名的教授指导之下:戴修瓒(法律),燕树棠(法律),丁佶(会计),林维英(国际汇兑),陈岱孙(财政学),伍启元(经济),及赵迺抟(经济)等等。

工学院是由以前的清华大学的工学院及南开的几个工程学系演化出来的。因为北京大学本来就没有工学院,所以它对现在的工学院的课程没有直接的贡献。工学院里面的教授有许多老练的工程师和工艺专家,如施嘉炀(土木工程),庄前鼎(机械工程),李政(航空工程),以及电机系内的陶葆楷,刘仙洲等。化学工程学系本是南开工学院内一向在张克忠先生主持下的化工系。现在张先生的遗缺由苏国桢先生代替着。

如中国其他许多的大学一样,联大是效法美国的大学教育制度的。一年级学生要选修许多普通课程。文学院的学生要念逻辑,历史,第二外国语。除了他们本系的必修科以外,还有念一科自然科学。理学院一年级的学生要念微积分,普通物理化学等。无论如何,在毕业前必要念及格大一国文及大一英文。每个学生要得文学士或理学士的学位,最低限度要修满等于一百卅二个学分的课程。校内开了许多课程以便于学生随着兴趣选修。平均每人每天要上四小时的课,午后还要上图书馆或实验室继续用功。

图书馆内备有充足的参考书,科学期刊和杂志等供学生参阅。这里并未采用导师制度,学生有什么问题要解决,可以找他们的教授直接去商量。

　　联大的行政是由以前的三个大学共管的。常务委员会是由北京大学校长蒋梦麟博士，清华大学校长梅贻琦博士和南开大学校长张伯苓博士三人组织而成，在他们直辖之下的有教务长樊际昌博士，训导长查良钊博士和女生指导陈蕙君，此外还有一个由各系主任与教授组成的委员会，监督全校的事务和学生的作业，虽然全校的事情由一个混合的组织办理，但以前的三个学校还是各保留着一个分开独立的办事处，事变前各校原有的老学生，仍然隶属他们原来学校的学籍。

　　全校经常费是由教育部和以前三校供给的。

　　没有认识战时中国学生的真实生活，一个人会被不正确的印象所矇混，以为他们生活失常，受可怖的空袭，轰炸，逃命了野外和防空洞中以求掩蔽，变成了癖怪和其他相类的可笑的想象，其实和这种不经常的现象离得很远，许多中国大学生和其他国家的学生一般，生活都很正常。我们联大的学生是过着一种勤苦的生活，宁静而平和的生活，具有不能在和平时代所具有的丰富的不同的兴味。或许是因为我们已能和普通的平民亲密的接触才会使我们深悉他们的兴趣，和不需要出很高的代价，便可以享受他们所能享受的生活。我们逐渐学习了和乡下的人一起饮食（云南乡村的人比北方生活的程度低得多）和跟赶骡夫在校舍近旁不平的石路旁开设的简陋的茶馆中喝茶，在小食馆中食饭，我们已是习惯和土人作粗略可是却非常生动的交谈，和他们做朋友。

在我们和那些普通人民所食的简单食品之中，我们常常觉得这些给予我们相当数量的营养堪足比我们在城市高尚的食馆中所得的。总之，战时中国大学生已经把他们降到和普通人民一样，他们再也不是社会的绅士和国家的骄子。

学生们每天的常规大约是这样的。早上六时起床，穿衣，便离开宿舍去洗脸。急速地早餐后，便在大图书馆门外参加升旗典礼。八点开始讲授到十一时。中午，他们在学生膳堂进膳。从十二时至一时半没有课他们便休息，午睡，或在其他幽静的室内娱乐。从下午一时半到五时，他们得按照他们所属的系，或者到实验室实习或者到图书馆去或者如果有课的话便上课去。五时后，所有的工作都完毕，他们便自由地做他们高兴的事，晚饭后，图书馆重开，倘若是用功的同学——一般学生都是用功的——继续他们预备笔记和参考书的工作。普通灭灯的时间是在十一时后，这才是一天的完结。大考时不少同学是开夜车直至天明的。

假如有人到联大参观，他一定为笼罩着整个大学的读书风气而惊叹，每一个角落，每一个图书馆和实验室，终年都挤满了学生，倘若你偶然踏进图书馆，你会感觉到一种严肃的沉静，融溢其中，虽有数百人同时在忙碌地苦干着，但除了那书页翻动和笔尖飞划的声音，听不到一点喧哗的嚣闹。在实验室中，你不会看到晶莹夺目的白磁洗槽和铜锌及穿了漂白的外衣工作者，如同从前清华南开等实验室中一样。你仅可以看见一座泥舍里面粗糙的板凳和桌子，除了一些为着精密实验时的精巧的仪器之外，粗陶器皿，一段段的自来水管，电线，和其他形形色色的器具，和一个披上褴褛黑军衣的学生，全神倾注于他的实验，诚足代表战时科学家的典型。在另一边，在生物实验室里，你可以看见一组卷起袖子的学生，仔细的解剖着一条狗，而另一组定睛地注视着显微镜。

这一种特殊的学术空气，慢慢地成为学生的习惯了，原因可以说是，由于责任精神的一个新发现。战前的大学生一部分因为良好的环境及较优越的社会地位的关系，可以用另一部分时间寻求物质的享乐，他们能够从"黄金之梦"中朦胧地看见光明的前途，物质享乐和一个优美的社会位置，他们认为大学教育是当然应有的事，而教育他们，供给他们，是父母辈的必然责任。但是现在一切都变了，在他们前面不再有"黄金的收获"等待他们米割取，而是一个被战争所四分五裂血肉狼藉的祖国，同时祖国的同胞们正在奋力争斗，企求摆脱倭奴的压迫。他们开始认识倘若不是每个国民都尽力帮助国家的话，一切希望都会归于幻灭，努力向学和准备充实自己，便是他们目前对国家最迫切的责任。战争的危险更令他们刻苦的用功。

这种学术空气并不能完全阻止他们的课外活动，假期中或组织团体下乡向乡民演说，演剧，及做其他战时的宣传工作，或在城里，领导社会活动，主持音乐会，演剧，游艺会等等。本年暑假中，学术七十人组织的合唱团，卅五人组织的音乐队，联合举行了一次为伤兵筹款的音乐会，出演贝多芬第九交响乐，罗而尼"威廉铁尔"，亨道尔"弥宾□"等乐曲，博得听众的热烈欢迎。因为大学是极注重体育的,所以有不少同学成为运动比赛的强手,学期终了时,学生们对一场篮球比赛的热烈,并不亚于耶鲁及哈佛学生赛足球时的狂情。

这大学如像定命要继续迁移的,目前所在地——昆明,只是这长征中的一个驻足点而已。照最近抗战形势及敌人南侵趋向来看,云南快会成为西南各省的前线。

但是三载的英勇抗战,已足显示我国苦斗到底的决心,每个国民都充分准备流最后一滴血。假若敌人一日继续他的侵略政策,中国一日有余力抗战的话,我们联大师生是准备应付一切将来的艰辛的。不管环境如何变化,我们决不放弃我们神圣的任务,和移动我们的目标。联大将继续前进,迁移进更深的地带,这是为了更新鲜丰富的探求所使然,而非为了战神的威逼。

联大的同人丝毫不畏劳苦的跋涉,正如我们大诗人丁尼生所吟咏:

我们是——一贯的雄心,
受了时光与命运的摧残;
但强悍的心志,
只知奋斗,探求和不挠!

选自《抗战中的学生》,世界学生会中国分会一九四二年七月印行

三位一体的西南联大

金 刀

在联大三校精神充分地活跃着,它,正如人生和宇宙之有诸色相,相争相长,和反适是相成的。

南开是顽皮而好动的孩子,却不免是活泼可喜的。清华沉着和富有中年气概,北大像是四十开外的人了,深沉老到,好像偏尝了人间味。比如一棵树吧,清华是树干,北大是树根,南开是枝叶与果实,树没有根,长得成吗?树没有干,撑得住吗?树没有枝叶与果实,岂不是成了秃头枝桠吗?

像今天,野外刮着风沙真不禁令人想起北平来。我们还是谈谈以前的生活吧?从这里,三校的精神可以更清楚地看出来。

提起北平,心中情感就冲动了。清华踞城外,北大在城里。清华园本是清朝四个皇室的别墅遗址,至今水木清华的大厅还保持着以前的光景。法国的厚地毯,檀木圈椅,画壁宫灯，令人想见前清皇室的生活，园里树木长的很茂盛，盘松特多，有小溪流通在校，两岸都种着大树。出了校门，便是圆明园遗址，园里大半辟成菜畦了，农夫们在上面静静地种着菜，园后面还有些大石柱，大概是以前大殿的旧址，石柱上刻着龙很壮丽，往地下掘深些，还可以发见些琉璃碎片和一些水晶质的东西。旧日的宫湖流道及屋基规模，大约还可以看得出。我们常是黄昏时候来，晚风满树，落日萧森，看看四围的富丽江山，常常不觉流下泪来。颐和园离学校也很近，常去划船顽，秋天和春天，那里常很热闹；西山是秋天好，青年男女们常结成队去，清华学生十之八九是有车的，秋天的香山道上，真是车如流水马如龙也，马到并不太多，大半是也有四条腿的毛驴子，清华新南院的前面常有很多毛驴子出租的。清华人爱干净，爱整齐，爱规律生活，政治水准特高，爱作正当的娱乐和活动，在大会场里，大家都庄严的发言，庄严的听着，庄严的举手表决，然像是在欧美的议院里，到了每年的迎新会和校庆日，全校无论先生和学生又都是小孩子似的有玩有跳了。每天下午五时后，两个体育场和球场都充满人，游泳池也成年开放着，礼拜六下午和礼拜日，大家都进城了，一点钟一次的校车都载满了人，找找朋友，看看亲戚，吃吃馆子：可是平时这儿却安静得很，大家都很用功读书，那华贵的铜门，美丽的大理石壁，无声的软木地板和包藏着几千年无限丰富智慧的宝藏的图书馆哟！那庄严博大墙上满爬着枝藤深沉而又幽邃的科学馆啊！那华丽的工字厅，那清清的满蕴着菱香的湖水哟！多少个孩子在这儿养育着，生息着，成长了。可是现在都变成回忆了。在目下，在黄昏，在水绿和花黄，在风前和雨后，在记忆里，在睡梦中，哭吧！笑吧！孩子们。

北大不熟悉，就是沙滩三院比较通常去，房子是老旧些，可是深院大厦，这才是十足的中国味。北大历史最近，自由空气最浓厚，北大人诚恳深沉，朴质中肯，对于政治组织和政治斗争特别有能力，他们平时尽管很散漫，可是在中国学生运动史上，无论那一次，他们都是坚决的领导者，和强韧的坚持者。他们非常老到，非常干练，深思远虑而能经住打击，他们房子和物质设备差一点，可是读书和研究精神非常浓厚，近年来也添了好几座新房子，像地质馆图书馆和四年级新宿舍都非常庄严精致；因为学校房子少，他们很多住在外面书寓里，深夜里，小胡同里，是卖萝的在叫了，伴着沉沉的步伐。在远处，在近处，他们多半还未入睡，有的拉拉胡琴儿，唱个大戏，有的喝两杯酒儿，唱个四季相思，也谈谈国家大事，有的通宵读书，伴着一灯如豆，他们比较喜欢听戏，每天晚上，城里大小戏院，差不多都有他们踪迹，就连穷途末命卖女儿唱莲花落的土唱戏的那儿，在寒风瑟瑟的角落里，他们也能冷清清儿一坐几个钟点，听着入神，没事时他们喜欢小吃，所以他们住所附近，小吃馆子生意特别发达，学校里总是冷清的时候多，偶尔也难得什么毕业和开学典礼之流，人大概会来多些，各院的同学才有机会聚聚，总之，他们的个性是沉着的，力量是潜伏的，在发动的时候，会表现出无比的惊人和庞大。

南开在天津八里台，是在郊外，门口有一条长汽车路，从日租界一直通到山东，每夜无数的走私车极像毒蛇一般的爬进内地，学校像是长在湖里，四围都是水，中间还有些水草田，房子都是一座座的，很新，小巧精美而别致，多半是人捐赠的。芝琴楼多么艳丽的名字，我仿佛听到琴音和着兰香了。教授们住的是百树村，一栋栋的洋房，像是私人别墅，这儿吃的，喝的，顽儿的都有，广泰康的经济西餐，炸麻雀儿，柠檬五分一杯，橘子三分一个，还有隔壁清真馆儿的小碗牛肉，真是又香又软，并不下些这儿的兴和园。春天的下午，可以划个小船儿，沿着学校，湖水都是清清的，累了就躺下来，让鸟语花香交织成美丽的梦境吧；风云的晚上，我们常常很迟从市上归来，荒寒的旷野里一切都死寂了，月亮好像悬悬欲坠了，风在树顶上哀鸣着，那时候我们的心又沉沉了，海光寺电灯光透明的，像是一把锋利的刀插进我们心里，我们深深的感着家国之痛，南开人活泼团结而向上，很年青，所以在行动上常是非常勇敢而幼稚，很现实，不想的过远，不顾虑太多，念书的人也很多，可是一般人并未太着重分数，大都喜欢运动顽，他们总是不愿意规规矩矩的。学校里充满了春天的气息，充满了生活的希望和活力。美丽和青春是为我们预备的。

选自昆明《青年公论（半月刊）》一九三九年四月一日第一卷第二期

联大的今昔

天 水

记得八月七日汉口大公报纪滢君写的"蒋百里等赴港"中,与世长辞的军事家蒋百里先生曾说过:

"我们这几年来的建设,经现在一试验,才破绽毕露了。我老早就说过,我们要真正建设,必须着眼在国防上,南京萨家湾一带的金碧辉煌宫殿式的大房子究竟有什么用?天晓得!那仅可以称之为'建筑',不是'建设'。津浦路过江的渡轮可以说是建设。""二十几岁的青年拿着钱跑到香港去逃难,我不赞成心理太坏。将来这群人都要不得!在内地逃难,倒是一个教育人的好方法,从来没有出家门的,这次也见识见识,吃吃苦头。把这个大时代渡着,总使他的生活经验丰富一点,将来才有用处。"

蒋先生的话是广泛的指国内一般而言,用到学校这方面仍然是针锋相对,这里我姑不对中学说短道长,只谈谈联大——清华，北大，南开——三校生活回顾前瞻。

回　顾

从长沙到昆明，仍然是这样：三五同学走在街头或进到宿舍，课余饭后，草地池边，总会谈起自己过去的学校生活如此如彼，滔滔不绝，大多是充满了甜美快慰！的确清华，北大，南开各有其特殊的风格，亦各有其光荣的校史，这是明显的事实。设备好，教员好这是一个完善学校的必备条件，对这两点，他们虽未尝十足具备，但堪称在这方面甚有成绩者，尤其近几年来更是努力迈进！"北大老"是真的，但是"老"字还不够形容北大，北大的藏书，积四十余年而成，多过国立北平图书馆。民国以来好些反帝反军阀的爱国运动，文化运动，每次北大都有过惊人的贡献。几十年来学校充满了自由发展天才的读书空气。图书馆的重要胜过论钟点讲授的教室，北大较他校出来的专门学者要多，一多半造因于此，这种空气终于散布到各处，图书馆，阅览室，上课的教室除了本校的同学外，无时无地不充满了学者，一个个都像觅花的蜂，在秘密的公开中，搜求他们知识的食粮，充实他们自己。一般说来他们的衣食都很简朴，沙滩的德裕斋，悦来居每餐随意来要汤要菜，一个月也不过花五六元，高兴起来，说不定也来一顿"东来顺"。上下古今，中外东西新书旧籍千丛万集的东安市场，是北大同学饭前课后悦目赏心的公园，跑腻了，偶尔也许到富连成听一听，小梅兰芳毛世来的《宇宙锋》。

"西山苍苍，东海茫茫，吾校庄严，巍然中央……"想起于敦敦之音的清华校歌，震人心弦，令人神往，不禁会联想到过去如诗如画的佳境，循循善诱的校风。图书馆，生物馆，化学馆，气象台，土木工程馆，水力实验馆，金工实习厂，机械工程馆，电机工程馆，体育馆，游泳池，工字厅，荷花池，古月堂，每个角落都锁着你无限温馨的回忆。夏天你走过生物馆，穿过大石桥，即使是一个最不富于情感，极少诗意的人，也会感到绿树浓荫，楼台倒影，果然确有其景。走到桃花盛开的气象台前，你会了解了"春色满园关不住"辞句的妙意。到冬天任你走到图书馆，工字厅，甚至河畔都好，拭目一眺，何处不是"琼楼玉宇，高处不胜寒"的情味？每届假期，良辰，三三五五，向西山八大处，颐和园，或是断碣残垣，都付与荒烟夕照的圆明园，任凭你游目骋怀，慨感凭吊！或是坐上兜风似的学校汽车，进城逛一逛，尽情尽兴的来快活一天。但清华所以成名却不是因了这些，它有设备完善的图书馆，试验室，好教授。图书馆是软木头铺成的地，有光线合宜的电灯，更有无数的中西图书，到这里来充实自己，谁何乐而不为！全校师生就是这样沉气埋头的干，朝朝暮暮，日复一日，清华所以有今日并非偶然。年来对于理工的设施与扩充，更有惊人的成绩，清华创办人颜骏人先生曾说："清华精神，是毕业生少做政官，多服务工商金融教育等界。"这话确是事实。

清华同学的衣食住问题，像是要比北大同学讲究一点。

男同学的住，新号明三斋，女同学的静斋，小而设备周全，用明窗净几的形容不算过火。吃的地方，吃到大食堂满可解决，但少数同学偶尔也来一次古月堂的西餐，或到校外倪家小铺来一顿零食，亦乐在其中矣。

南开是天津唯一的大学（北洋等校皆独立学院），天津是华北最繁盛的商埠，也是一个丑恶的都市，天津是喧嚣的，污浊的，但是处于八里台的南开却是异样的清静。

春天的时候，沿檐子河的桃树开满了花，南大的大中路也披上了绿衣，爱打扮的女同学，试着新装，在校园里里各处晒太阳，傍晚，伫立在芝琴楼前等候她的女伴，更增加了楼畔桃花香色四溢的鲜艳。

入夏，全校包围在槐柳的浓荫里，荷花开满了莲塘，"鱼戏莲叶南，鱼戏莲叶东"，有的划着小船，荡漾到校后的湖心亭，看一看"渔船儿飘飘各西东"的渔家生活，且能顺便折几个荷蒂莲蓬，晚饭前你可到大中路，赏莲亭，在那儿低徊，小憩，度过了晚风习习的黄昏。

秋季里，男生宿舍的大操场上挤满了人，男女同学意气飞扬在玩着球类，跳跑，大显其健儿身手。

冬天到来，往往白雪霏霏，枝头，田里，塘里，全是白雪，在这浩然无垠的大地上浮雕出五座巍峨的赭楼，巨人一般，伫立在风雪的交攻里。

秀山堂前的莲池现在正好作成冰场，上面时常驰跑着不畏风寒的男女。

南大的天然环境虽然秀美，但是环绕它的人间却恶劣万分。离南大北端四里的海光寺是日兵营；南大西北角不到一里有日本的飞机场；在上课的时候，头上常机声隆隆，中断了演讲。清晨，白昼，深夜，常常听见机枪响钢炮声，那便是日军在附近作慑服人心的野外演习了。

南大校长张伯苓先生说："南开是中国人为谋中国的生存而办的学校。"

九·一八事变发生以前，南大就有东北研究会的组织，长城之战，南大全校发起过战地服务团；绥远战事起，南大同学捐款，三小时内，为前方将士曾募得三千多元。

南大学生停课的时候最少，工作的成绩最多。在北方学生运动里占着重要的地位。

南大校长张伯苓先生是不折不扣的团结主义者，南大的职教员是认真切实的教育工作者，南大的学生又是抗日的先锋队。总起来，在日人的眼里，南大便是一所抗日学校，是日人的眼中钉。去年七月二十九日中国首先遭受轰炸的文化机关就是南大，经那天，南大秀山堂，图书馆，思源堂，芝琴楼，经济研究所，各学院宿舍又一齐变成残余灰烬。

但南大师生仍在干。

张校长说："敌人所毁者南开之物质，敌人所不能毁者南开之精神，南开精神是开辟的，创造的，能创造才不怕破坏！"

万语千言总结一句话：北大，清华，南开各有其风格与风味，亦各有其光荣的校运史。但也有它们共同的破绽，尤其是后两校几年来故然积极从事建设，同时也多少带了一点蒋百里生应先生说的："可以称之为'建筑'的错误。"

前　瞻

说的远一点，民国二十五年的"西安事变"，忆起来它不是一个寻常犯上作乱的叛变，它是中国潜在势力的总爆发，是中国今日统一局面的大枢纽。因统一而展开了全面的抗战反帝运动，国家的一切从此有了新计划新设施，北大清华南开于是从沦陷的平津南来长沙，更远至昆明。年来三校的同学赴前方参加抗日工作者，约占半数，留在学校的约千人上下。三校抱着共同的信念："国难期间始终合作到底。"三校当年不同的学校生活，而今有了新的发展，新的动态，前尘往昔已成了不能挽回的回味。自动发生而不可抑遏的青年政治运动，变为由政府领导而纳入有目标有秩序的路线上去，深深地觉悟了过去两种传统的误解：

（一）以不满政府中少数人之故，而持着反政府的态度。

（二）单凭情感的冲动，从磨擦和倾轧中求得自由。

年来事实的指示给予同学们有力的启发是：

中国此时绝对需要以现在执政党为中心，由各党各派及无党无派者共同促进国家真实的统一，然后再以此力量来捍卫民族国家的生存。

在生活方面同时也有一番新的改进，从长沙徒步来昆明，走过素不为国人注意的大好河山,亲身体验到中国少数日常生活的艰拙,几十天晓风残月,风尘迹痕的生活,增加了实际的学识和经验。

这一来倒是合了蒋百里先生的遗言:

"从前没有出家门的,这次也见识见识,吃吃苦头。把这个大时代渡着,总使他的生活经验丰富一点,将来总有用处。"

衣食方面,前几天吴洛芷君在朝报上说,

"年来我们饱经流浪,谁不忧念国事的日艰,谁不痛心家乡的沦陷。于今我们所过的也并不过是两套黄衣四碗小菜的生活,在汽油箱子上,微弱的灯光下工作着,以期报答万分之一的国恩……"

但这还不够,今后更希望联大——清华北大南开甚至其他各大学来的同学,共策共勉洁身自爱,发扬光大过去自己学校的校运史,同为大时代的画上描写一点光彩,锦绣的江山上推进一点活动。沈从文先生写的"给联大朋友"说:

"我愿意青年朋友,大家来用一种崭新的作风爱国和做人。"

王赣愚先生在《智识青年与统一》文中说:

"任重道远的青年们,团结起来,奋甚智能,创造新中国!"

姑用来作这篇东西的结束。

选自《云南日报》一九三八年十二月三日、四日、五日

// 供献给投考西南联大的同学们
——自昆明寄

沈嘉猷

统一考试了吧,留沪的同学们,要是你填了西南联大作志愿时,这里便可给你些路途上和学校状况的参考。

联大是前北平的清华北京,天津的南开,经长沙临时大学改组而成的,年龄不过一足岁。但因三校以前的声誉支持着他,以致易长易大的成了所战时青年的保育堂。我相信这次沪考的志愿单上,一定有四分之三的同学,把它写着你第一个志愿。联大现有学生五千多人,在一个不满上海四分之一的昆明城里,到处可见到他们的踪迹。——要是你到达昆明后无熟人的话,你准可随便拉一位穿土黄制服的同学询问他一切。

联大的最高机构是常务委员会,以前三校校长张伯苓、蒋梦麟、梅贻琦分任常委,决定全校最高事务。下设教务、训导、总务、注册四部，以樊际昌、查良钊、沈茀斋等长之。再下便有很多委员会——如生活指导、图书设计、奖学金等，在学务方面设有文、理、法、商、工、师范等五院，下设中国文学、外语、政治、经济、商学、物理、化学、地质气象、生物、法律、历史社会、哲学心理、教育、公民训育、土木、机械、电机、航空、化工等系。

设备方面有图书馆三所，中国文学和外语系，另设图书馆各一所。理学院有物理、化学、生物、气象等试验室，并有专门杂志阅览室一所。工学院有土木、铸工、锻工、金工等厂和热工、交直流电机、无线电、电话电报、水力、材料强弱等试验室，并有飞机模型室及风洞一具。此外北京大学及清华大学并设有文理研究院及国情普查研究所、航空研究所、无线电研究所等以备毕业生深造。

教授方面，北大以文理著名，清大以理工著名，南开以法商著名。抗战后更相聚一堂，国内大学无出其右，故以帅资论，堪称全国第一。学生以河北省占最多，江苏次之，近来江苏同学已逐渐加多，下学期想可占第一位。校内组织有许多小团体如歌咏团、话剧团、壁报社、同学会、同乡会等，你来了，便不愁寂寞，保可视之如归。教部发榜听说将在九月中旬，希望录取后的同学一个个能上内地来，使我们下学期的迎新席上，频添起不少"他乡遇故知"的乐趣。校舍散处各区，文理法商师范本在大西门昆华农校，因期满下学期将迁入新建校舍上课，工学院在东门拓东路上，总办公处及女同学宿舍在龙翔街昆华工校，男同学宿舍在龙翔街昆华师范和文林街昆华中学。

新生入学须经注册，手续如下：

（一）出纳组缴费（制服赔价，学费不取）

（二）体育组检外身

（三）校医室查内脏

（四）注册组领入学证（须缴照片十二张）

（五）斋务组领入宿证

同学初来，可在车站附近住旅店一宵，明天至总办公处，将手续办妥后再行搬入宿舍，较为妥当。本省教育厅设有青年招待所，在福照街景虹小学内，同学有不愿或不便住旅店者，可往该所接洽。

关于旅途方面，沪滇最短行程须七日——沪港轮船二日，港越邮船二日，滇越车一日（密许林快车），海防及香港各停一日。适常因等车船关系，常须二星期左右，港沪段若乘太古船须四日，中以汕头最讨厌，同学都非老于旅行，故此处行李易遗失。船将靠岸时，切将零星东西及行李放在一起，抱定"老口勿脱手"主义，待此辈挑夫也可说投机小偷，离去后，始能浏览风景，本人便是经过他们教训的一个，切望同学们注意。到了香港你可看到些异国风味，护照须经法领签字，山间缆车是香港别具风味的，可往一坐。九龙就在港对面，时间若许可，也可渡江一游。港越段没有像汕头那样的危险码头，但也不可太忽略了安南贼，到底是外国货，偷钢笔，是门槛十足的。到海防可由妥善旅店照料行李，至海关验查，旅舍中以天然较有势力，行李可先查，查毕点验无错，你便算过了沪滇的一切难关。此时便可计划乘车的问题，密许林虽快，但于有行李的学生不甚相宜，普通以四等慢车较省费而又能多带行李。车至河内或嘉林，须换车，后者可早到昆明一天，但前者的风物甚佳，玩玩也是得可偿失的。到牢该、开远，都须下车住店，行李可由栈房招待，倒可放心。沿途山洞很多，身体稍差的同学，宜备湿巾一方，以避煤气。到牢该后，对面便是我国境界名河口。至开远更可见到无数的壮丁，在训练着，此时你便像颠沛在外的孩子，重归家乡一般，有说不出的愉快，可是当慈母式的戚友，向你挥帽站迎的时候，你千万别害羞得说不出话来啦。

经过国外最要紧的还是护照，若在香港领，则须费去港币六元，照现在汇水算起来甚不合算。故若有亲友在滇的话，还是托他们领，仅须四元，与港相较不知便宜多少。若有二位一起来，则不妨合拍一照，合领一张，费用可省一倍。

沪滇最难最麻烦之处，便要算海防的检验了。常致倾箱倒箧，遗失竟是意中事，且罚款又随便关员高兴，他欢喜的便拿了去。所以能省的东西便不妨少带，新的东西尤宜避去，但若必需的东西又不妨尽多带来，因昆价高得可怕，虽罚了有时还较便宜。查时小物件宜置箱底，重要的可放袋内，比较稳妥些。能说法语的同学，此时便可占到极大的便宜，所以可能的话还望随带一张法文的团体证明书，由学校署名，或可减少些麻烦。查时箱箧均由自己开,所以钥匙须随带身旁以免临时慌乱。中国旅行社有《旅行指南》出版,一切购票、选船等事可资参考。若欲该社招待者亦可与其接洽。最后敬祝你们榜上有名,并望惠然早来。

选自《申报》一九三九年九月二十、二十一日

介绍西南联合大学

贾 朴

北大,南开,清华三校,在七七事变后迁在长沙开学,称为长沙临时大学。借用韭菜园圣经学校上课,房舍虽然局促,但是清华在岳麓山下盖的校舍眼看就要落成,大家满心希望着可以安心做一点学术工作。不幸首都沦陷后,敌人屡次轰炸长沙,决定往云南迁移。这一段行程中值得纪念的是学校组织的"湘黔滇旅行团",三百多同学徒步由长沙走了七十天,经过迢迢三千五百里的程途,去年二月十八日出发,四月二十八日到达昆明。文法商学院在由离昆明五百里的蒙自上课,理工学院在昆明上课,从此又改"长沙临时大学"为"国立西南联合大学"。刚到昆明买不到木材竹头,×校的汽油箱帮了很大的忙,床铺是汽油箱拼起来的,桌子是汽油箱堆起来的,图书馆的书架也是汽油箱摆起来的。因此而感动了教育部参事陈石珍先生,他说:"看了你们的生活,不禁使我体味到最后一课的精神。"

在昆明读书不能算苦,气候四季如春,环境富于江南风趣,有直通海口的滇越路,正在修筑的缅滇路,西山,滇池尤饶故都风味,生活于此,自不免忆起昔时故都生活的味道。

清华,北大,南开各有其特殊风格,各有其光荣校史。"北大老"是真的,但只是一个"老"还不够形容北大。民国以来几次反帝反军阀的爱国运动,文化运动,差不多每次都以北大为策源地。北大几十年来,充满了天才自由发展的空气,图书馆胜过教室,北大的杰才辈出,多半造因于此。图书馆,阅览室,教室,校外的人同样可以自由出入,搜求食粮,充实自己。

"西山苍苍,东海茫茫,吾校庄严,巍然中央……"这是清华的校歌。图书馆,生物馆,化学馆,气象台,土木工程馆,水力实验馆,金工实习厂,机械工程馆,电机工程馆,体育馆,游泳池,工字厅,荷花池,古月堂,无处不有令人回忆的滋味。设备完善的图书馆,是软木头铺成的地,堆满了中西书籍,是教授学生的食粮宝库。年来对于理工科的设备与扩充,尤有惊人的成绩。清华创办人颜惠庆先生曾说"清华精神,是毕业生少做官,多服务工商金融教育等界"。这的确是事实。

南开是天津唯一的大学(北洋等校皆独立学院),天然环境优美。北面四里的海光寺是日本兵营,西北角有日本飞机场。在这样的环境里,张伯苓先生曾说:"南开是中国人为谋这个的生存而办的学校。"九一八事变前,南大就有"东北研究会的组织",九一八事变发生时,一位美国军官 Colonol Landon 说过这样的话:

"我当年为干涉西伯利亚事件,曾带美国兵几千到满洲,遇着不少南开的学生,个个都充满了少壮爱国精神,张伯苓博士人格的影响足见一般。张先生可说是中国的真皇帝,多有几位张先生,中国绝不会亡国的。"

长城之战,南大全校发起过战地服务团;绥远之战,南大同学在天津出动捐款,三小时内,为前方将士曾募集到三千多元。抗战以后,南大同学成绩表现的更惊人。李明意君在运城一带只身率领五千以上的游击队,现在还和敌人浴血搏战。戴新民女士现在晋南,率领着人马,屡挫敌锋。全国各地航校的健儿,按学校人数比例说,南开要居第一。

七七事变后,中国文化机关首先遭受敌人破坏的就是南大,但南大师生更加努力的干,蒋委员长说过:"有中国就有南开!"张伯苓先生说过:"敌人所毁者南开之物质,敌人所不能毁者南开之精神,南开精神是开阔的,创造的,能创造才不怕破坏!"

北大,清华,南开三校由平津而至长沙,又由长沙而迁昆明。年来三校同学赴前方工作的约占半数,留在学校的共一千九百五十人,清华人数较多,为四一二人,北大二一五人，南开一八七人。联大（去年招收的与借读生经过考试及格的皆称为西南联大学生）九三〇人，借读一四二人，旁听四七人，特别生一〇人，师范学院二部生七人，共计一九五〇人。男生一六三二人，女生三一八人，若以籍贯来说，江苏最多，广东，湖南，浙江，河北，湖北，四川，云南等次之。

全校现分五院。

各院系的院长主席是：

一、文学院，院长冯友兰（清华文学院院长）

1. 文学系，系主席朱自清（清华文学系主任）

2. 英文系，系主席叶公超（北大英文系教授）

3. 哲学心理系，系主席汤用彤（北大哲学系主任）

4. 历史社会系，系主席刘崇鋐（清华历史系主任）

二、法商学院，院长陈序经（南开教授）

1. 政治系，系主席张奚若（清华政治系主任）

2. 经济系，系主席陈岱孙（清华法学院院长）

3. 法律系，系主席燕树棠（北大法律系主任）

4. 商学系，系主席丁佶（南开商学院教授）

三、理学院，院长吴有训（清华理学院院长）

1. 算学系，系主席江泽涵（北大教授）

2. 物理学系，饶毓泰（北大理学院长）

3. 化学系，系主席杨石先（南开化学系主任）

4. 地质地理气象系，系主席孙云铸

5. 生物系，系主席李继侗（清华教授）

四、工学院院长施嘉炀

1. 土木工程系，系主席蔡方荫

2. 机械工程系，系主席李辑祥

3. 电机工程系，系主席赵友民

4. 化学工程系，系主席张子舟

5. 航空工程系，系主席庄前鼎（还有电讯先修班系去年新设者）

五、师范学院院长黄子坚（南开秘书长）

1. 教育学系，系主席陈雪屏

2. 公民教育系

3. 史地学系，系主席刘崇铉兼

4. 国文学系，系主席朱自清兼

5. 英语学系，系主席叶公超兼

6. 算学系，系主席江泽涵兼

7. 理化学系，系主席杨石先兼

学校组织，最高机关为常务委员会，处理全校事务，常委为蒋梦麟，张伯苓，梅贻琦三先生，秘书主任杨振声，总务长沈履，教务长樊际昌，军训队总队长张伯苓。此外有教授会议。经费除由中英庚款会补助开办费五十万元外，平时由三校原有之经常费中各出十分之四，例如清华每月原用十万元，现出四万元。各校教职员薪金总数，限定不得超过各校所出经常费之十分之六，余须各校自垫，如清华每月出经费四万元，其教职员薪金支出不得逾两万四千元。不足时由本校自垫。

三校合作,甚博全国好评,张伯苓先生坚持在抗战期中,三校一定要合作到底,今春北大四十周年纪念,蒋梦麟先生也发表过这样的话:

"个人之生命有限,大学之生命无穷。吾辈从前之奋斗,尽入北京大学之血液。为功为罪,想不能磨灭。今后之努力,与在联大中之三校共之。三校各有奋斗之历史,陶冶合一,供献与联大。联大共同之努力,亦将入三校血液,为功为罪,三校亦供之。"

同学的生活,家乡沦陷的或家境清寒的同学们,请准校方,每月可领到七元救济金或贷金,人数占全校三分之一。女同学们比较奢华一点,男同学们目前半工半读的很多,多半都是过着两套黄制服四碗小菜的生活,每月饭食近已高涨到十元以上。图书馆的藏书,虽尽力添购,但仍残缺不全,大部分的同学多在课室图书馆里用功夫。

抗战以来,把过去那种自发而不可抑遏的青年政治运动,变为由政府领导而纳入有目标有秩序的路线上去。青年学生深深地觉悟了过去两种传统的错误:(一)以不满政府中少数人之故,而持着反政府的态度。(二)单凭情感的冲动,想从磨擦和倾轧中求得自由。

中国现在的事实指示出有力的启发是:

中国此时绝对需要以现在执政党为中心,全国精诚团结,捍卫民族国家的生存。

在生活方面也有一番新的改进,经过几次的迁徙跋涉,亲身体验到中国少数民族的艰苦生活，增加了无数实际的学识和经验，这一来倒是合了蒋百里先生的遗言："从来没有出家门的，这次也见识见识，吃吃苦头。把这个大时代渡着，总使他的生活经验丰富一点，将来总有用处。"

但一般人对西南联大的希望还不止于此，沈从文先生写的《给西南联大朋友》说：

"我愿青年朋友，大家来用一种崭新的作风爱国和做人。"

选自《西北论衡》一九三九年八月十五日第七卷第十五期

// 告欲来滇升学的青年

刘继邦

　　时间如飞的过去,转眼暑假又将来临,在这个青黄不接的时候,我相信在中学念书快要毕业的同学,正是忙个不了的。这一方面固然是在功课上要准备应付毕业的考试,同时如打算再求深造的话,更须注意到升学的问题。谈到升学的问题,除了在功课上应有的准备外,对于到那里升学呢?入那间学校呢?和入那一科呢?这都是每一个打算升学的人们,不容忽视的。但在这烽烟遍地的今日,当打算到何处升学的时候,自亦有其相当的困难,惟目前除仍在港澳升学的不计外,如要到别的地方的话,在大多数人心目中,总想到云南来罢。的确,在这两年来,不少有志的男女青年,跑到这昔时认为闭塞的古滇来,而事实上,又因为云南的一切,相信近来很多人已不算是陌生了。但滇省教育现状如何?各学校的情况怎样?这恐怕每一位欲来滇升学的青年,都很想知道一下的,我现想从这方面，将所知道的，贡献于有志来滇升学的青年们：

（一）大学教育：

（甲）在昆明者——国立西南联合大学，国立云南大学，国立同济大学。

（乙）在各县者——国立中山大学，国立体育专科学校，私立中法大学，私立武昌华中大学，国立中正医学院。

（1）各校一般情形——各大学中，除云南大学外，其他多属逃难学校，员生不辞艰苦，千里奔来这抗战的后方，精神魄力的伟大，处处足以表现更生中国的前途有望。在初时因为各校多属逃难而来，原有在各地的图书仪器，大半沦陷日手，故在设备上，有不完之处，自当不免的；但经过这两年来各校的苦心经营，和员生的埋头苦干，与政府的极力援助，现在虽不能说已完全恢复旧观，但总算已大具规模蔚然可观矣。同时近来因此间学校林立，自然互相比较，办理妥善否，自有社会人士的批评，故各学校当局，皆竭力尽心，以求校务之改进，此为抗战时期教育之好现象啊！联大新校舍现已在昆明完成，学生算是最多，三千余。联大的前身为清华、北京、南开的三大学，就中联大工学院简直是清华的旧教授，其他各学院都多数取回原有三校之特长点。联大一般情形看来，都是紧张和严肃的，十足表示战时教育的情绪。

中大是在澂江，离昆明约两个钟头汽车，这里风景之佳，有人曾以其抚仙湖比诸香港浅水湾，这是不算十分夸大的，因它不只有水，还有雄壮的大山呢！中大在广州时，算是最养尊处优的学校,校风亦不见得其如何的好,但自迁澂江后,大概因为家乡沦陷和客居异地的原故,校风已和昔时不同,前途日见光明。云南大学,虽属成立不久,但因有地利之便,自改国立后,校誉日隆,采矿工程系颇负盛名。其他各大学之情况,因远处各县,详细情形,将来再为文叙述。

(二)中学教育:

(甲)在昆明者——粤秀中学(为两广同乡会设立)。

(乙)在各县者——南菁中学,云大附中,省立昆华师范,女中,女师,同济附中,武汉湘鄂教区联合中学等。

(2)各校情形——在设备上来讲,此间的中学是比较差一点的,何况现在各中学因避免空袭的危险,尽行疏散到郊外及各县去,以在港澳生活惯的人们,显然来到云南各县去是不大惯的。不过从用钱方面来讲,却比港澳为廉的,但以我个人见解,则认为初中学业的同学在年龄上尚不算十分大,若不涉远道来滇读高中,则似仍在港澳为佳,不然兴之所至而来,若不满意,岂不徒劳往返,这是很不上算的。

不过有一点要为欲来滇升学的人们告者,即唯一条件要能刻苦耐劳,能舍弃都市繁华之生活,确信抗战胜利,埋头苦干,这样才可以来,不然若遇日机之空袭及炸滇越铁路等便起恐慌,这是不成的。所以当你打算来滇升学之时,不可不作一番缜密之思考,否则你会遇到很多的困难罢。以上所说,只谈其大概而已,如需要某一方面之详细情形,可依下开地址来函,当能代劳奉覆的。末了,树起欢迎之手,有志来滇升学的青年啊!快来罢!

昆明华兴巷十五号　刘继邦

选自《大公报》一九四〇年三月二十二日

在蒙自西南联大

陈 达

自昆明至蒙自

学校当局决定将理工两院,借昆明拓东街迤西会馆上课,文法两院迁往蒙自上课。孙晓梦与余于四月二十五日离昆明,余等所带行李(四等车每人可带三十公斤)在昆明车站过磅毕,写票人说:"照磅秤尚须加三十公斤,因磅秤已坏。"我们所不能了解者,何以不照磅秤减三十公斤呢?沿途有法人上下车提了小磅秤,在车上磅行李(大半是已磅的行李)及乡人所带的小包(如粮食等)。法国人的小气及办事无规律,于此可见。

蒙自海拔为一五五〇米突,西南联大在旧海关衙门内上课,旧东方汇理银行亦在海关花园内。海关花园有许多树木,花果,及鸟类。木瓜渐熟,友人有未见过者。白鹭以树为巢,每树可居一百鸟,竹丛生,每丛可居数百鸟。进海关花园的大门，两旁树上全是白鸟，声音繁杂，且不时下粪，有时人行树下，分明是一种不便。

王化成兄与余同房，化成精于烹厨术，余即当徒弟，我们的饭团以化成为经理，化成规划炉灶的砌筑，提示厨师的烧菜，余为记账员，并在厨房内糊冷布及打苍蝇。化成自香港带来咖啡煮壶一把，我们即在蒙自买得美国的咖啡，每磅一元，自煮咖啡，逢雨天及客来时，一日可煮三次以上，其后咖啡增价甚速，两个月内增至每磅五元，我们即停止喝咖啡。

化成有时做汤圆，有时做葱油饼，其最大成就在做水饺子。我在学徒期间，虽有进步，但速率不高。我的水饺子也每个揉成绉纹，但将做好的水饺子放在盘中时，都不能站起，化成说："这表示技术这不够呢？"

孙晓梦王化成与余，某晚雇好了船，到南湖下钓。那晚共下两线，一线有十八钩，每钩以肉为饵，预备钓黑鱼。另一线有钩二十，以蚯蚓为饵，预备钓鲫鱼、白鱼、鲇鱼等。既下线，我们在湖边茶馆品茗，三小时后收钩，不得黑鱼，另一线捞不着，第二日晨五时再去，船夫已先将线捞起，是否得鱼不知。

方余下线时，听得湖边堤上人声甚杂，我们划船靠岸，警察来报，知学生数人被劫，警察为保护计，伴同余等归校。

清华校庆

我们自民国二十六年离清华园后，于二十七年四月二十九日在海关花园大讲堂第一次纪念校庆，梅月涵先生自昆明来，报告学校近况，陈福田兄说故事，有一段是关于清华教授打外国纸牌的笑话。他说十多年前，清华教授们有时候在工学厅娱乐，某日四人打外国纸牌，甲与乙是一组，甲打错了一张牌，乙出怨言，等乙出牌时，错误更大，甲甚怒，反唇相讥。乙曰："I am the more foolish of the two"（两人中我是更笨者）福田兄不举其名，甲是王祖廉兄，乙是余！

西南联大盛会

蒋梦麟先生夫妇自昆明来，住于哥鲁士洋行（希腊犹太人的营业），同时教育部视察员亦到蒙自。一日晚间同人等开欢迎会并聚餐，餐毕化成与余约蒋氏夫妇及贵宾数人，来尝我们的咖啡。

金城银行在蒙自设办事处，吴肖园兄来筹备一切，约余等晚餐，用汽锅鸡。汽锅以建水所出者为最佳。此餐鸡的制法加以虫，草有草一根，根尽处是一个虫，本地人云："这是冬虫夏草。"

在蒙自的同人，组织网球俱乐部，共约十余人，余未执网球拍者已七年，但亦欣然加入。时有比赛，崔书琴兄系初学，与余赛，余让数点，结果余胜，得一鸡，与饭团同桌者共食之。当比赛进行时，赵鸣岐兄来，自告奋勇，加入此赛，余亦得一鸡，但未享口福，一年后在昆明笑问之，"还有吃鸡的权利否？"鸣岐曰"然"。

蒙自雨季较短，大约不出六个星期，自阳历六月半至七月末，此外几每日是晴天。蒙自是盆地，四面有山不高，但大致蔽以树，晨及傍晚，阳光照山坡，甚美。同人中常步行以作消遣，景汉兄与余，一日天未明即起，步行至黑龙潭，此乃滇越铁路的一站，近碧色寨，在半山，离蒙自约十里，归校参加午饭。

蒙自飞机场离我的卧室最近处，不过五十码。县政府征派民夫修筑。第一区东华镇为筑飞机场事摊派民工，由区会议决定，摊派办法以户及口为主，人多所派的工亦多。本镇共派民工人数，足以完成七千八百九十个土方，每土方由镇公所津贴国币二元，甲户摊得三五〇土方，乙户摊得二〇〇土方，丙户一〇〇土方，丁户七〇土方，戊户三〇土方，庚户五土方，辛户三土方，壬户二土方。

自四月末至七月末，我们在蒙自仅见一架飞机来停于飞机场，约十分钟飞去。

蒙自课务

自五月五日起，文法学院开始上课，即继续长沙的工作。余仍在晚间上课，人口与劳工两课连接，至七月三十日完毕。蒙自虽低于昆明约三百米突，但天气不热，况时值雨季，对于课堂工作，并无不便之处，图书馆藏书较长沙少，大部份即从长沙运来者,但有些期刊与新闻纸,系在昆明订购。惟学生的读书精神颇佳。距图书馆开门前半小时,门外站立者人数甚多,门开拥入争坐位,每夜如此。蒙自是一个小县,市内无娱乐场所足以消遣,图书馆容量甚小,仅有坐位七十,所以不敷分配。

同人眷属

朱佩弦、王化成、孙晓梦眷属,自北平到蒙自,各租屋以居,同人有眷属者仅此三家,有些人家尚未搬到云南余住居于昆明。三位太太们俱说买菜颇方便,惟本地女工又懒又笨,指挥不灵,对于工作发生不少困难。

选自《浪迹十年》,陈达著,商务印书馆一九四六年十月版

// 国立西南联大在云南

徐志鸿

读史读到东晋末年，五胡入寇，当时士大夫阶级狼狈南渡的情形，常引起人无穷的感慨。历史似乎是在重演，想不到一千年前的这种命运，今日又降临到我们头上。

时常有人说：教育是一国的命脉，十年树木，百年树人，当前方将士在浴血苦战，后方人材的培养也同样的重要。不信请看欧战时的比利时，虽然他们的领土有一大半被德军占据，但在后方的学校还是照常弦歌不辍。从这点看，在抗战期间，教育似乎是不可废的。于是政府在极端紧迫的财政状态中，每月还要拨出几十万的巨款，来维持着国内的高等教育。

当平津沦陷以后，北京、清华、南开三校奉令在湘合并开学，这时从北地陆续逃出来一千三百余个的青年，构成了长沙临时大学，这便是今日西南联合大学的前身。

随着京沪杭等地的沦陷，战事的形势一天比一天紧张，尤其是敌机不断来湘轰炸，使大家不能安下心去读书，于是临大当局和教育部几番磋商，决定移滇，但要使一千余人同时入滇是不可能的，于是决定体强者组织湘黔滇旅行团徒步出发，体弱者分批经广州、香港，取道越南入滇，这是二月中旬的事。当出发时，一千三百余人只剩下八百余人，许多人已自动离开了学校，到东西战场去和日军拼命了。

这余下的八百余人，在四月中旬，陆续到达云南。当他们到达时才发觉他们的学校换了一个招牌，原来长沙临大的名称已经取消，改为西南联合大学了。因为昆明校舍不敷分配，便将文法两院和工学院拆散，理工学院设在昆明，校址由四川会馆，农业学校，工业学校三部合成。文法学院设在蒙自，借用以前的海关旧址和一所希腊人开的洋行。昆明比较是一个大都会，一切还不感到困难，但在蒙自，地小民贫，一切都得从头做起，海关旧址已禁闭了十几年没有用过，满地是乱草鸟屎，断墙败垣，触目荒凉。初到之时我们都得睡地板，卧土坑。于是招工修缮，刈秽草，修破屋，补断垣，斧声丁丁，日以继夜，艰难创业。经过一个月以后，才粗具规模，到五月初正式上课，在南湖边敲动了第一声宏亮的钟声。

蒙自这个地方，如果人们不健忘，大概都还记得在中法战争以后，它是在条约中规定为云南通商口岸之一，纵贯云南中部的滇越铁路本来规定经过蒙自，后来因本地一些头脑顽固的士绅反对，结果绕道蒙自东边的碧色寨经过，这时蒙自是一个极大的失算，从此它的商业逐渐衰落下去，一直到现在它还保持着中世纪封建城邑的色彩，地方大不及江南的一镇，人口不满二万，人民还是过着混混沌沌的生活。他们从未见过我们这些摩登男女。初到之时，真是哄动全城，每当联大学生上街，他们便老老少少出来夹道而观，尤其是女同学的烫发和赤腿，更引起他们的惊异。不久街上的儿童里就流出一种歌谣："大学生，大学生，不穿袜子称摩登，脱了裤子讲卫生。"同时因为这样，一个小小的地方，忽然添了几百人的购买力，物价便开始飞涨起来，房租每间从一二元涨七八元，蒙自人看不惯他们平静的生活遭了这种破坏，便接连着写信来警告，内中有几封甚至带着恐吓的说，如不翻然觉悟将以手枪对待！这增加了我们不少恐惧。因为蒙自人差不多家家有私枪，动不动便会发生械斗。在这里从都市来的文明便和内地固有的习惯发生了严重的冲突。

蒙自是一个苍蝇比任何地方都多的城，云南有几大特产：个旧的锡，大理的石，宣威的火腿和蒙自的苍蝇，苍蝇居然可以和云腿齐名，可见它的数目的惊人，一进蒙自城门便见群蝇乱飞，黑芝麻的东一堆，西一堆。本地人把苍蝇看成了菩萨的化身，不加扑灭，听其在食物上拉屎，传播病菌，每年夺去几百人的生命，然而蒙自人还是不觉得。联大学生到蒙自后的第一步工作，便是联合地方当局，举行了一次灭蝇清洁运动大会，绘了几幅触目惊心的宣传画，挂在通衢和城墙上，一面更动员全城的驻军和中小学学生，每人手执蝇拍，出发到大街各店铺打苍蝇，一日之间，杀死苍蝇数十万；才使它们稍敛丑迹。另一方面为了启发本地的民智起见，他们更在城内办了一个民众夜校，教成年文盲读书，星期日更到街头去宣传，替本地人讲述一些国家的大事。从这几方面，我们渐渐和本地人接近。有一次，一个本地小学生在湖边游泳，忽遭灭顶，旁边有一位联大学生走过，便奋不顾身跳下水，把他救上来，这件事博得本地人大大的赞叹。从这些小事，他们慢慢了解我们，渐渐发生好感；同时学校也劝告同学检点个人的行迹，渐渐男同学脱去了西装，换穿制服，女同学穿上了袜子，脱去华丝葛印度绸的服装换上蓝布旗袍。因为没有都市的奢华足以分心，许多人变得分外用功，图书馆中虽可怜相的只有几百本书，却是你抢我夺，迟去了没有位置。在艰苦流浪的生活中，每人已渐渐觉悟到自己肩膀上责任的重大，在不断的刺激下，我们也渐渐认清楚中国是怎样一个社会了。

每天，当夕阳西下，归鸦噪晚的时候，湖边便涌起一片哀怨的松花江曲，怅望着西天的云霞，每个人心里想着自己破碎的家乡，想着已成灰烬的天津八里台，巍峨峙立在故都沙滩的红楼，水木蓊蓊的清华园。啊，往事多么不堪回首！听说下学期学校又将迁移，如此他们又将开始第三次的流亡了。但是每个人已看清楚自己的命运，也就是国家的命运，他们不再颓唐，在艰难的来日，他们将咬紧牙齿，坚定意志，从此负起抗战建国的责任！

选自《大风旬刊》一九三八年第十五期

// 联大在蒙自的时候

沈星辉

  蒙自原是个小城。城里只有冷落的街道,清寒的人家,与乎萧条的市面。城外更是充满了乡村气味,荒凉的原野,虽有个南湖的风景点缀,因游客寥寥,也并不见得出色。余者如法国领事馆,蒙自海关,都是名存实亡,法国医院里更是时常闹着鬼,别说医个好病者,怕一个康健的人进去,也难保不吓得半死。另外有歌胪司洋行,每天闭着牌门,与其说不欢迎顾客的光临,不如说因生意清淡。自从西南联大几百位师生到临之后,蒙自受其影响可真不少,南湖来了批新的游客;海关洋行内充满了嘈杂的人声,连城里市面也繁荣不少。

  联大同学多来自平津或上海广州等地,行动自然摩登一些。尤其女同学在蒙自人眼光中,无论如何认为新颖,听说以前蒙自女子是深居简出的;万一有事出了门,也戴着一顶大伞,长长的柄;帘子直垂到膝窝以下,颇像佛殿上的黄龙伞,轻易不露面容。虽然近来洋化内渐，比以前要两样许多，然而比之联大女同学，相差还不可以道里计，他们见了联大女同学飞云般卷卷的烫发，玉臂毕露，袖子无着的旗袍，赤着双足，裸着大腿的打扮，不禁相顾愕然。年青姑娘自叹少见，年老太太以为自己眼花，暗暗称奇。偶儿遇着男女同学，臂膀扣着臂膀，相依缓步而行，或在夕阳下小桥边傍着流水依着柳，情切切意绵绵之际，更是大惊失色，掩面而过，黯然久之，轻则以为有伤风化，重则以为大逆不道，从此以后蒙自人与联大人之间，暗暗生下隔膜渐致于不能相融，同学中有觉得不妙者组织正风团，如警字第一号布告有云：查学生××在滇越车中海关树下有猥亵行为……实贴海关大门把男女主角的姓名直书无遗，学校当局也得到情报，一方面教诲学生，令女同学少做花色衣服，多着青布长衫。又为份子复杂，劝一般原有的借读生，最好仍归原校，一方面与当地绅仕们设宴联欢，减少磨擦，费心不谓不苦，用意不谓不诚，其奈那些同学自以为负有开发西南的责任，移风俗的使命，凭你们"Toss"也好，规劝也好，只是置若罔闻，不改原形何！

中国对清洁二字素来很少讲求，特别是在内地，几乎完全忽略，苍蝇好像是特产，蒙自也并不例外，城里虽有几家小吃店，只因嗡嗡之声不绝于耳，令人望之却步，倒是一家糖粥店同苍蝇绝了缘，小小一间收拾得清洁非凡，每天生意兴隆，三分钱一碗糖粥，可抵得上一角二分一杯的咖啡，于是那里便成联大师生唯一小吃店，不但同学们对糖粥有无限的好感，就是教授们也认为珍品，门槛上常有他们的足印，若从糖粥店门前经过，固然得光顾一下，就是无课闲暇，也不惜进东门到西门，穿过城来吃一碗半盏糖粥，然而，好景不常，后来糖粥店也渐渐冷落，大不如前了，为的是南湖身旁接二连三的开了几家咖啡店，近水楼台先得月，加以咖啡牛排究竟比糖粥高明些，取而代之，自在意中，于是不论清晨傍晚，以致于深夜，咖啡店里总有光顾的人或在用早餐，或在会异性朋友，或借些灯光在自修，形形色色，不一而足，引得安南老板笑逐颜开，春风满面，正是全盛时代，所谓盛极必衰，后来因为外汇高涨，不愿资金源源外流，同学们自起抵制，张贴布告，大声呼吁，咖啡店顿形萧条，安南老板脸上除了几条皱纹现得格外显明外，只能见得些露着黑色牙齿的苦笑。

　　南湖本来简陋，还比不上故都的颐和园，新京的玄武湖，然而也有风倒败落的瀛洲亭，点缀在湖边，为蝙蝠的出没地；二面临水，幽静清闲的崧岛，可以约友小聚，有亭翼然优哉游哉的军山，可品茗，可垂钓，可观赏，也替南湖生色不少。何况现在联大同学大都已不复是当年的翩翩年少，所着的不是黄制服便是棉大衣，而且入乡随乡，这里只有南湖可以走走，也就以此为无上游息之所，每当晨曦初露，夕阳西沉，都有人在闲步；或者甚至月色如水，湖平如镜，万籁俱寂的午夜，还有人临风倚树在徘徊，有时他们竟忘了自己，以为身前的水正是颐和园中的昆明湖，紫禁城旁的北海，他们在思念故事，回忆旧校，追抚往事。

当七七献金运动弥漫着全国的时候,蒙自联大也有精彩的一幕。

那是一个明朗的清晨,阳光尚未升起,只是徘徊在天空中的浮云,映上粉红色的淡装,习习微风,带着欢欣,从远处吹来,经过林间催着鸟儿歌唱表示快活,一群男女学生教授已向含露的草地上集来,露着微笑,来参加献金,似乎迟了一步就会赶不上般的。大门二门都挂着"慷慨解囊""踊跃献金""集腋成裘"等标语,草场上布置虽简单,大家的目光早注意到几只献金箱的洞口上,一手摸着袋里的钱,只等仪式一完,就即了了心愿,不知是内心焦急,还是主席先生的演辞太长,老等不到结束,好半天才听见司仪的同学提着嗓子叫声"开始献金",大家便蜂拥而上。服务的同学原是事先请定了的,几个神速的笔端挥着写收条,还是应接不过来。献金出乎意料的踊跃,预定的职员不够,临时招请,但是终还不够,课钟打了,献金台旁还拥着献金人,"宁愿上课迟到,献金是不能后的"。太阳太烈了,办公地方不得不迁,把桌椅搬到小路边、竹林下去收钱,一边竖着黑板,准备揭晓最高纪录者。一回工友拿着纸包向金台上传来,"先生!请收了,一点儿","老五!等一等,请拿了收据去!"是收金员的声音,献金真热烈,有的献了省下的一个月另用钱;有的得到未婚妻的同意把订婚戒子献了,有的买不到书,把买书的钱献了,……下午约略算一下,最高纪录献金者的芳名,已在揭晓榜上发现了,办事的人真懂得心理,这样一来,便有不少人争着想占头牌,新的纪录因之不断的发现，教授们回复到年青时的活泼，同学们显出固有的天真，工友们也凑着热闹，收不起他们的笑容；直到黄昏，献金的还是不绝的来，于是延了一天，两天的献金，却得到意外的收获，师生们无不快感地作着内心的微笑。

三个多月的时光原是很容易过去的，功课一告结束，毕业同学首先与蒙自握别，或上昆明或去重庆……走出学校之门，踏上社会的阶梯，当此时崧岛顿成都门，每日有男女同学在宴别，觥筹交错，杯盘狼藉，又是一番别离情，莺才燕语，给予这小小岛上一种活泼气象，每当午后，火车站暂作别浦，月台上行李累累，送行者与被送者济济一台：有的在谈笑，有的在话别，有的在嘱咐珍重，有的在祝福前程。在那别感之间，尚流露着欣慰。汽笛一响，压住语笑，有一刹那间的静寂，接着又哄然而起，挥着帽子，摇着手巾，他们的远别者随着蠕动的车箱，渐渐模糊；终至消失，离多愁重，经过一度怅惘，还是携着手儿边谈笑的回到南湖的怀抱里。

话又说长了，最后再作几句简单的报告：

联大没有房屋，东拼西凑，把工学院安置在昆明迤西、全蜀两会馆，理学院在省立昆农、昆师、昆工都占了一部分，文、法商院没有地方，便给轰到蒙自。确是为了学校中的图书室太少，也有一部分同学到公园茶室中披开一本书，在那里用功的。

到这里后的难题是书籍的问题，虽说商务、中华、世界几个大书馆都设分馆，可是并没有什么书可以买，尤其是用的教科书，后来龙门书局来了，总算有地方可以买，可是书又不齐，到上海定来，学期足足将又去了一半，这是最受苦的事。

仪器问题，理学院的仪器，虽说轻便而且抢出一些，可是运输是很费时日的，尤其化学系的那种玻璃家伙，地质学系生物系，标本大都丢了，简直可说没有，工学院更可怜，除无线电组买了一些材料，土木系的卫生工程与卫生实验室合作外，没有工场，没有实验室，那些笨重的仪器岂是在短期内所能运到的？目前半年已过，仪器买的买到一些，运的运到一些，比较可以应用了。

住的方面，理学院是十个人一间，双重铺，桌子书架是废物利用航校的汽油箱，而工学院是在会馆的西厢，一间挤他十六七人，东横西倒，竟是到了早田院呢！

选自《战时中学生》一九三九年第六期

记蒙自

若　予

二十七年，在云南蒙自读了半年书。

没有去蒙自以前，记得好像在中学校里读地理的时候读过，蒙自是云南的一个商埠。但是在我到蒙自的时候，蒙自已经再也没有一点"商埠"的气息了。在我的记忆里，蒙自只是一个淳朴的，富有乡村味的山城。蒙自有一个县城，但城圈很小，大概整个城圈的周围也只有七八里长。城里都是静寂的街巷，有一两条市街，那也是不像样的，都只开着些小店铺。——要说蒙自的街市景象，恐怕还比不上江南一带比较热闹的市镇。这里没有洋车，自然更没有自行车等那些现代的交通工具了。有一个电灯厂，但是普通人家都没有电灯，——连我们学校里也是点的煤油灯和菜油灯，因为这电灯厂要等有煤才开工，而厂里的煤据说不是常常有的，因此停工不发电的日子倒反而多了。这里也没有报纸，昆明的报纸要隔两天才到这里。有一次在城门口看见贴着一张用油光纸石印的《个旧日报》，只有普通报纸八开那么大小，里面排列着几条简单的消息，整个报纸用不满一千个字，这还是个旧出版寄到蒙自来的呢。

但蒙自的确曾经一度是商埠。我们借来开学的地方是蒙自海关的旧址，从规模上看来，比起那破旧的县政府，这海关一定是当时最大的衙门了。紧靠着海关还有一所房子，是当年的法国领事馆，我们去的时候早已空着，后来也借给我们用了。我们的宿舍是以前的法商歌胪士洋行。据说从前滇越铁路直接经过蒙自，那时蒙自的商业曾经一度繁荣，但后来滇越铁路改道，不经蒙自，直达昆明，蒙自的商业地位也就低落了。蒙自的海关搬到昆明；法国人也一个都没有了，领事馆和洋行都空了起来——但对于我们，要是没有这些空屋子，我们也就没有机会去蒙自读书了呢！

关于滇越铁路改道的说法，我没有确切的考证，不敢一定说是。但蒙自是一个没落了的商埠，这是事实。现在滇越铁路并不直接经过蒙自，但从滇越路的碧色寨站，另有一条小铁路经由蒙自，通到个旧。这条小铁路称为"个碧铁路"，据说是国人自营的，大部分是个旧商人出的资本，主要是为了便利个旧锡矿的运输。轨道特狭，车子就像上海的电车一样大小，坐着是怪有趣的。但路线既短，蒙自仅是一个中间站，它对于蒙自的繁荣并没有显著的影响。

其实，要是没有这些海关，领事馆和洋行的"遗址"，我们简直很难相信蒙自曾经是一个"商埠"。除了这些"遗址"以外，这里再也找不出一些近代商业都市的气息。蒙自人的生活依旧是中古式的，质朴的，闭塞的。我们学校到这里来，曾经非常的轰动了这个古城。女学生们不着袜子，光着腿在街上走，实在太使这里的人们惊奇了，许多小孩子嘻嘻哈哈的跟在后面，成人们也都在指指点点的谈论着。——就是几个男同学穿了西装在街上走，也会有许多人跟在后面看。害得学校当局赶紧出布告，规定蓝布大褂为女生制服，免得奇装异服过于招摇。梅月涵校长在纪念周上报告，入国从俗，叫大家千万留意。据梅先生的考证，蒙自向重"女教"，这里的女人出门，如果没有钱坐轿子，也得打一把伞，免得抛头露面被人家看见哩！

最使我们留恋的，还是我们在这里过的乡村味的生活。我们的学校——海关和洋行的旧址是在蒙自城外。其实说城外，也不过刚刚在城门之外而已，我们宿舍后面的窗口，就贴对着蒙自的城门。但这里却已经完全是山野和乡村的景象。蒙自原是一个山城，这里四围远处都是连绵的山影，中间却有一个小小的湖，这是蒙自著名的南湖。我们的校舍，和几幢不整齐的民房，就零落地散布在南湖的尽头。我常想这些房子简直不像是衙门和洋行，倒像是乡间的别墅。蒙自海关本身就是一个很好的园林，矮矮的围墙配上两扇已经褪了色的朱漆大门，上面髹着"蒙自海关"四个大字，远看着像一个古庙。围墙里面庭院广阔，几幢中国式的矮平房，蒋梦麟先生把它比为大观园。法国领事馆紧靠着海关,那是一幢精致的小洋房。我们的宿舍——歌胪士洋行却和海关隔着一些路,是一排整齐的楼屋。每天早晨我们沿着湖滨去学校上课,天气晴朗的时候,可以看见远处山峰里蜿蜒迂回着的滇越铁路,隆隆的火车像一条长蛇;南湖里波平如镜——这样的湖光山色,再也不会叫我们想起蒙自是什么商埠不商埠的问题了。

南湖里筑着几条堤岸,把整个湖分做几部分。我们刚到蒙自的时候,正是冬末春初,天气比较干燥的时候,靠近我们宿舍的那一部分湖,因为湖底较高,里面都没有水。干燥的湖底,长着一些野草,成为一片天然的广场。按说云南起义的时候,蔡松坡曾在这湖底的广场上训练过军队。但一到四月雨季,才落了两天的雨,四围山上的雨水直泻下来,湖里面就满满的涨着水了。一出宿舍的大门,就可以看见粼粼的湖水。每天吃过晚饭,同学们三五成群的在湖边散步,拿着蒙自特产的藤手杖,常常从近处的堤岸绕到湖的那一边,又从另一条堤岸到湖中心的一个小岛上,再坐那里常备着的渡船荡过湖的这边来。蒙自的天气又是那么好,有一句土谚是"四季无冬夏,一雨便成秋",这是说一年四季,除了下雨的日子是秋天而外,其余便都是春天了。所以天气永远不会太热或太冷,只要高兴,每天晚上都可以有我们散步的机会。到这个时候,谁还记得起未来蒙自以前所想像瘴疠的可怕呢?

我们有时也到蒙自城里走走,但那里实在没有什么可玩的地方。听说有一家简陋的戏院,演着云南的地方戏,我却是没有去过。这里连像样的饭店也没有一家。蒙自还有一个特点：到处都飞满了苍蝇。据说蒙自人以苍蝇为神，相戒不敢捕杀；但我们学校曾为此在蒙自发起一个捕蝇运动，却没有遭到当地的反对。我们进城惟一的去处是在一个小铺子里喝糖粥，在那里还常常遇见几个名教授哩。记得有一次，那糖粥铺的伙计曾经悄悄的问我："先生，你们在大学里读书可以挣多少钱一个月？"我想，在他们看起来，我们这些大学生大概是类乎举人秀才，而又会得挣钱的一些小官吧？

但正是在这样静寂的环境里，在那遍地烽火的年头，我们却能比较安心的在这里读些书。可是物质的设备是那么简陋困苦！宿舍里屋少人多，每个屋子里都挤满了铺位，而且每张床铺都是特制的双层铺，上层下层各睡一人。连箱笼物件都无处可放，就更没法放什么读书的书桌了。晚上读书就得上图书馆，因为那里有比较舒服的座位，而且点着特亮的煤油灯。但图书馆也是屋少人多，因此在每晚图书馆没有开门以前，就有许多同学挟了书在门口等着，就像上海人现在等电车。等图书馆客满了，就只有回到宿舍，在那走廊里排着的满是油腻的饭桌上点起一盏菜油灯，在那颠动的、微弱的灯光下做着功课。这时候同学们都是知趣的，就是在宿舍里也不敢高声讲话，因为在外面走廊里，也就是我们的饭厅上，还有人在读书呢！

就这样我们在蒙自读了半年书。但是没有到放暑假，学校里又在计划着要搬到昆明去了。我们这里要让给中央航空学校——我们亲眼看着几百个民夫，在学校后面筑成一片广大的飞机场。二十七年的夏天,我们就又离开了蒙自。一年之后,我到了上海,不久在报纸上读到蒙自被轰炸的消息。这个宁静的世外桃源,终久也受到战神的蹂躏了。在这多难的年头,这原是一个极寻常的消息,但是它却更引起了我对蒙自的怀念。世乱道阻,我恐怕是不会再去到这辽远的边地的了:淳朴的山城,我祝福你平安!

选自《小天地》一九四四年第三期

// 关于高等教育
——应走那一条路?

了 了

今天本栏刊载一篇寄自蒙自的报告,其中叙述的是一部联大女生在国难中仍不忘"妖冶"的情形,我介绍这篇报告的意思,并不是只在指摘那一部分女同胞,主旨却在要求办教育的人,借此事实来想一想,国难教育应遵循的途径。

抗战发动后,对高等教育的进行,产生了两种主张,一种是主张学校逃难,避到安全的后方,去求弦歌不辍,联大的产生即此种主张的实现。一种则主张取消学校形式,叫学生到社会中去,在实际工作里去学习。这一主张,还未能具体的实现,陕北的"抗大""陕公"有点近似,也还不全一样。

另外有一种折中派,主张文法科学生可到实际工作中去学习,而理工科学生则应在后方学校中学习。

我以为即理工科的学生,也不应再死读书而应到工厂里去实习求进益。

过去我们的高等教育,犯的最大毛病是与社会完全隔离,学问与社会隔离,能有什么用?学校与社会隔离,又怎能怪女生们专门去学妖冶忘了中国是在抗战!

在前方服务的女生,他们决不会再想到蔻丹,背上枪的广西陕北女学生自不会还记着脂粉!

所以联大女生的趋向妖冶,决不只是太不知自爱,办教育的人给她们布置的环境也有关系!也就为此,我谨要求主张大学逃到后方去求弦歌不辍的先生们,重新思考一下他们自己的意见,是否适合中国今日的需要!

选自《立报》一九三八年七月九日第四版"小茶馆·点心"

// 西南联大在昆明

自 圻

西南联大是由北平的北京大学,清华大学和天津的南开大学所联合组成的。西南联大的前身是长沙临时大学,于去年二月奉令自长沙移滇,改名"国立西南联合大学"。

原来,一个学校有一个学校的历史,传统和生活习惯。把三个历史传统不同,生活习惯互异的学校放在一起,不能不算是一件冒险的尝试。姑搁开这三个学校的历史不说,单从教育的传统上看,北大素重自由,我们可以说北大是一个模仿英国自由主义教育的大学,北大的同学每以此自傲,若说"中国的北大像英国的牛津",不致大错。至于清华便有些两样,清华的过去是"留美学务处",预备学生留美的,所以所行的制度一如美国的大学,大体说是重理解不重记忆,希望造成各方面平均发展的学生。若以美国的麻省理工大学比清华的理工学院,亦无大错。南开似介乎北大与清华两者之间的。要了解西南联大的现况,不能不明白这一点。

现在的西南联大,北大,清华,南开的学生还不满半数,除了加入去年统一招考的生力军外,还有不少的转学生和借读生,自然分子更见复杂了,所幸运的,至今还不曾闹过大的乱子。

说联大好的人,不外持着二种理由:第一,为的联大是一个复杂的组织,有不同的教育传统,有生活习惯差得相当远的各色学生,置身在这个组织里,倒也够你学习的了。第二,联大不但教授多,并且名教授亦不少。因此设的课程特别多,五光十色,只要你胃口好,尽可多选多读。

联大的优点亦就是联大的缺点。第一,上自学校行政下至工友的管理,都缺少严密的组织,所以表现出来的是散漫,松弛,不讲效率,此点凡熟悉联大情形者皆能道之。第二,为的是教授多,课程不能重叠,因此不免流成"因教授设课"之弊,尽有名目好听的课程,内容却贫乏得可怜。

明白了这些,再来介绍西南联大的各方面,似乎更易了解。想进联大的人总是希望知道二点:(一)各系概况(二)学生的生活。那么我便把这二点来说一说。

(一)西南联大各院系概况

联大现分文,法,理,工,师五学院,均在昆明。文学院下分中国文学,外国语文,哲学心理,历史社会等四系。法学院分政治，经济，商学和法律等四系。理学院分物理，化学，数学，生物，地学等五系。工学院分航空，机械，电机，土木，化工等五系。师范学院分国文，英文，教育，史地，理化等五系。合计五院二十三系，每系教授均在十人以上。此外工学院还附设电讯专修科。

文法学院各系只要教授好，书籍多，已足。此点联大可当之无愧。略举一二名教授吧！文学院如冯友兰，钱穆，陈寅恪，朱自清，罗常培，叶公超，吴雨僧等。法学院如陈岱孙，王化成，陈序经，丁佶，罗文幹等。

理工学院的问题较大，除了教授，书籍外，实验设备的完美与否，更属重要。理学院各系的应有实验设备，均次第设置完备，下学期将更见完善。至于教授方面，比较大家知道的，物理系有吴有训，叶企孙，饶毓泰，赵忠尧等；化学系有曾昭抡，高崇熙，黄子卿等；数学系有杨武之，江泽涵，华罗庚等；生物系有陈桢，张景钺，李继侗等；地学系有冯景兰，杨锺健，李宪之等。

工学院五系中南开的化工系，原很有名的，系主任张克忠先生著的《无机工业化学》和《有机工业化学》是二部杰作。余四系，本是清华的，清华工学院在抗战前是全国设备最完备的工学院。因为重要仪器要搬出一部分，所以到了昆明，设备亦相当充实。至少可以说清华工学院现在的设备，没有一个说战区搬出来的工学院能及得上。机械系知名的教授有庄前鼎，李辑祥，电机系有倪俊，赵友民，任之恭等。土木系有施嘉炀，蔡方荫，王裕光，陶葆楷等。

（二）学生生活一斑

一般说来，联大的同学是刻苦的，这原没有问题，因为一年半来，大家多少尝到了流亡的痛苦。自平津而长沙，再从长沙到天南的昆明。逃出虎口时的经历，那能忘记。自长沙步行来昆明的一段，更非一般养尊处优的人所能忍受得了的。

虽然，前面已经说过，联大是一个极复杂的组合体，所以亦不免有一部分人依然度着与战时生活差得太远的生活。但是这究竟是少数中的少数。曾经有人把联大的学生分为三类：（一）吃外汇的，并非说他们把外国的钱化在昆明，乃是说他们把国币往外国送。譬如坐小汽车来校上课，便是一个例。这几位公子哥儿，是地方长官的子女，自然是例外，决不能代表联大。（二）吃自己的学生，乃指家乡既未沦陷，所以没有资格领救济金或贷金，只好把家中寄来的几个小心翼翼的化以维持生活，有时做家庭教师。这类学生在联大占多数。（三）吃贷金的同学。"吃贷金，只有饿死"这在今日的昆明，确是实情。七块钱一个月的贷金，绝对维持不了读书生活。二十余元一担的米，六分国币一张的白报纸的今天，家乡陷沦，经济来源断绝的同学，他们艰苦挣扎的精神，代表了西南联大学生生活的轮廓。

最可喜的是，生活尽管这样艰苦，物质条件尽管如此简陋，同学的精神始终紧张兴奋，读书空气的浓厚，决不减于当年。

五月十四日自圻于昆明西南联大理学院

选自《华东联中季刊》一九三九年第二期

// 万里归鸿话联大

系 言

"万里长征,辞却了,五朝宫阙,暂驻足,衡山湘水,又成离别。"西南联大在去年夏天来到云南,去年下半年,蒙自的文学院也搬到昆明,现在已经全部在这美丽的山城定居下来了。

一千九百余学生,包括北大,清华,南开三校的基本队伍,南北各大学的转学生与借读生,及一年级新生,在长途流徙的纷乱之后,已经恢复了规律化的学校生活。浪漫的行为已经少见,学术的空气顿形浓厚。教授们已经没有长沙那种不安的心理。各系学会,讨论会,讲演会,研究会,剧团,歌咏团以及同学会,同乡会等等,都已经在去年下半年重新组织起来,上课,实验,考试等等,再没有一点模糊了。

过去北大,清华,南开三校之间"联而不合"的现象很快的消失了。集三校的教授,除了几个特别严或特别糟的教授受同学讨厌外，普通同学对于这事实都很满意。尤其是一二年级的同学，因为和原来的三校关系浅或者无关，特别要求联大统一的精神。于是，一种新的"联大意识"已经在逐渐成长中。

学校行政最高权力仍旧在常务委员会。常务委员就是蒋梦麟、梅贻琦、张伯苓三校长。平时一切事务由教务长樊际昌主持。

对于行将升学的同学，院系的划分是一件最要紧知道的事。西南联大本学期院系划分的情形如此：文学院有中国文学系，外国语文系，历史社会系和哲学心理系。理学院：算学系，物理系，化学系，生物系，地理地质气象系。法学院：政治系，法律系，经济系，商学系。工学院：土木工程系，机械工程系，电机工程系，化学工程系，航空工程系。航空工程系是本学年最新设立的。本学年新设师范学院。别的院系都四年毕业，独师范学院五年毕业。分：教育系，公民训育系，国文系，英文系，算学系，理化系和史地系。一年级新生分院不分系。

校舍，工学院单独借用城东南迤西会馆。其他各院，教室都在城西郊大西门外的农业学校和工业学校两处。宿舍也都在附近一带，与工学院隔离得很远。一年级男同学都住在大西门内昆华中学南院北院两部，受军事管理。二三四年男同学住在工业学校和昆华师范内，名义上也受军事管理，事实上很宽，只不过各队每星期升两次旗罢了。师范学院同学都住在昆中北院。其他的女生都住在农业学校内，上课最方便。此外也有在校外租房子住的。

宿舍设备很简陋，大房间三四十人。睡的屋是双层床铺，自修的桌子根本不多分配。许多同学用汽油箱子叠成自修桌子，要算是很好的了。有的没有地方自修，只好每晚往图书馆跑。图书馆在农校，就是原先的大礼堂。农校没有电灯，于是图书馆只能挂汽灯，光线很坏，但是总挤满了人，晚去就找不到位子。图书馆书籍当然不能和在平津时比。不过普通参考用书是还够用的。

食，各宿舍同学自己组织伙食团包饭。每月自七元至八元半。昆明物价涨得惊人。现在米价每石在二十二元至三十二元之间，因此菜蔬也很贵，猪肉竟贵到五六角一斤。七八元的包饭，实在很难吃到什么。平时总是吃素。"粥少僧多"，吃慢些的，就要饿肚子。所以也有很多人在校外饭铺子里包饭。在最近三四月内，饭铺子包饭的价钱，从八九元涨到十五元，而且吃的越来越坏。除了极少数的阔人，还能吃半元一餐的客饭外，没有不叫苦连天的。

联大同学无疑是穷的占绝大多数。领得贷金的有三四百人，战区同学还有救济金。但是数目太少，贷金每月七元，在校内包饭都不够。在校内或校外找得工作维持生活的人很不少。

奇怪的是，虽然联大同学受抗战的影响跑到这辽远的西南来，衣食住行都远不如前，表面上看来，大多数对于抗战都好像漠不关心似的。整个云南救亡空气的稀薄或许是一个原因。但是最主要的原因，大概还是学校当局的态度。课程不但丝毫没有战时化，恐怕有些还配不上平时的需要。教授中，虽然也有许多是对抗战有坚定的信念而且间接或直接地做着有益抗战前途的工作的,但大部分的教授还依旧只管上课考试,也有少数的教授还散播与抗战不利的言论。上学期一开始,就有许多同学筹备学生自治会,章程草案呈到学校当局,被压下了好久,好容易提出常委会讨论了,又把章程大加删改,学校主张一年级新生在学生自治会中没有选举和被选举权。而事实上,一年级同学就占全体半数。大概学校当局这种用意,是认为二三四年级学生难以管束,想法使一年级同学和二三四年级隔离,就因为学校的态度如此,学生自治会在上学期就一直无法成立。

学生没有一个总的组织,于是热心些的,只好组织各种小团体来出一点力量。这种团体中规模较大的要算联大剧团和时事研究会及海燕等几个歌咏团。联大剧团有六七十团员,由一位教授任名誉团长,废历年时曾为慰劳将士募捐公演过五幕剧《祖国》。以后又为军校欢迎前线归来将士并欢送行将出发前线的将士以及慰劳华侨回国机工服务团等演过多次,比较上可以说是实际工作做过最多的。时事研究会在校内出版有《腊月壁报》,并得常请名人做公开演讲。这几个团体之外,还有群社,高原文艺社等一些团体,是联络感情或研究学术的性质的。

当然,联大同学若没有一个全体性的组织,是总不会满足的。加之学校当局在本学期对稍犯小过的同学,动辄予以开除处分。很引起多数同学的不满而因,感觉到学生自治会的需要。于是在今年五四青年节之前,又有一百多同学联名发起,想扩大纪念五四,趁五四早上全体师生举行国民公约宣誓典礼的时候,成立学生自治会。想不到这意思竟得到学校的赞助。而且,新成立的学生自治会,确包括全体同学在内。

　　求学的环境需要安定,昆明确很安定,但终究不是桃花源。敌机一样地光顾过。抗战的最后根据地更需要浓厚的救亡空气。而且究竟求学还是不能脱离这决定民族生死的伟大的抗战的。联大同学虽然一方面努力利用这环境做着学术的探讨,一方面也已认清了云南的救亡工作,需要我们去推动。而且在最近,这推动的工作,确实有了相当的成就。虽然联大同学内部还有许多缺点,但是跟着工作的开展,相信是一定能逐渐克服的。

选自《战时中学生》一九三九年第六期

// 离乱纪闻：记国立西南联合大学

胡 嘉

序 言

二十六年七月二十九日，北平失陷，我始从西郊清华园搬到南城琉璃厂的一家书店中住，一直到九月二十六日，才又脱离笼城，坐了一天火车，从北平到了天津，踏上我一年来的长途旅行。在北平时候，因为闲居无聊，读书又少心绪，满想把七七卢沟桥事变以来的见闻整理一下，顺便搜集些史料，准备作将来修辑文献的参考。计划是拟定了，可是借住在人家，市面上又有清查户口，没收反动书籍等风声，朋友当然不赞成我随便动笔，免得招引文字之祸，我也就搁下了先番的打算。

隔了一年，我在香港《立报》上看到七七事变时宛平县长王冷斋先生的《卢沟桥事变回忆录》，心里想：这篇文章，可算得最有价值的直接史料（即原手记载）！不久，在云南蒙自一个宴会席上，北大教授姚从吾（士鳌）先生说起他将仿宋李心传著《建炎以来系年要录》例，做一部编年体的《抗战日录》，当时在座如陈寅恪、钱宾四、刘寿民诸先生，都表示非常赞成，而且怂恿他从速实现。姚先生是专门研究辽宋金元史的，他说起南宋时候，局势混乱，外交频繁，若没有当时史家留给我们不少可贵的史料，恐怕我们现在要研究辽宋金元史，不会这样便当。就史料说，正史固然重要，就是同时人亲身的见闻及事后的追忆，有时比正史官书还要有价值。譬如洪皓著的《松漠纪闻》，许古亢的《行程录》（原名《许奉使行程录》），王寂的《辽东行都志》，王鹗的《汝南遗事》，刘祁的《归潜志》等，都很重要。尤其如《归潜志》，对于一二三四年金朝亡国的原因，守汴的经过，记述的很详备；刘祁有叙事的文才，事情既是他亲眼看见的，下笔的时日又早，所以能有非常的成功；他的成功，正好给我们做借镜。

　　抗战以后，写报告文学、旅行通信、从军日记……的，起初似乎很热闹，现在又慢慢沉寂了；我很希望对于文史以及新闻学有兴趣的青年，赶快及时在这条路上努力。要写好的文章最好先有好的材料，在这时候，题目是不嫌少，材料是不难找的，记逃难也好，记汉奸也好，甚至记自身参加战争的经验也好（譬如现在上海的谢晋元先生，能够写一篇《四行孤军抗战纪实》，正同从前翁照垣先生写《淞沪血战回忆录》一样有价值），一定会有出众的成就。

　　下面的文章就是我个人的尝试，虽然自己的见闻不广，写作的能力又不强，但愿立定一个原则，就是内容必求其真，希望在这方面，能够是些微小的贡献。

　　长沙临时大学在二十六年十月十八日开了学，十一月一日起就正式上课，这时借用的韭菜园圣经学校和四十九标两处，房屋虽然还嫌局促，但是隔不多久岳麓山下清华大学新盖的校舍快要落成了，只要是临时大学的一份子，谁都抱着一个希望：趁那敌人的炮火还刚迫近首都时，安心在这儿多做一些学术工作；渐渐地，困居在北方的一部分教授也都陆续到校了，设备简陋的仪器和图书，也在想法征集或添购，努力克服当前的困难。

　　这个时候后方一般人的心理：以为只凭我方在上海抗战的成绩推测，战线要进展到湖南，不是三年五年可以实现的。

　　正当湖南省政府主席调换张治中将军，新旧交替的时候，在空防的疏忽中，连警报都没有，×机在长沙东站连下了几个炸弹，由于死伤的惨酷，给与居民一种悲愤的惊惧；圣经学校离开火车站不过几十丈远，炸弹的爆炸声，是很容易消散学校胆怯者的弦诵声的。接着长沙又来一次空袭，虽然损失很小，但是首都沦亡以后，恐怕是知识阶级的感觉性特别灵敏罢！地质学教授主张上课应该改在夜里，数学教授包定飞机，赶快把家眷送回北平；主张学校要搬的空气充塞在讲堂内外，对于历尽艰辛，奔波来湘的学生，席不暇暖，便将他徙，无异是给与一种刺激，促成他们抛弃书本投奔军队或做其他政治工作的决心，所以在二十七年一月印行的《国立临时大学学生名录》上，差不多有百分之八十的学生在"备注"项下都填写着"休学一年（参加晋省救亡工作）"，"湖南国民训练"，"空军学校"，"十四军政治工作"，"西北军官训练班"，"军政部学兵队"等字样，每个人在道上相逢，开首第一句总问："你怎么样？""上那儿去？"好似长沙临时大学本来是打算"临时"的，看着她在长沙产生，也就在长沙解体。

但是学校究竟搬到那里去呢？这倒是一个严重的问题。据消息灵通方面的报告是：想搬湘西芷江或常德，到后来又说云南。这时候，已经接近寒假，大约是一月底了（二十八年）。

学校要搬的消息既然一天天成为公开的秘密，学生反对搬的情绪也就一天天跟着高涨，招待新闻界，发宣言，派代表上教育部，……最凑巧的，有一次学校请张治中将军演讲，他就当场大反对学校的搬，来摇惑长沙人心。这次讲演可以说是最痛快不过的，虽然据说连他自己也后悔。直到临时大学湘黔滇徒步旅行团出发的时候，还派秘书长陶履谦先生来训话，并分送每人碗筷一双，水壶一只。

学校要搬的计划并没有给学生反对掉，在寒假中，反而具体化了。南岳文学院的师生先搬来长沙，集合着举行登记，填写入学志愿书，体格检查，组织湘黔滇旅行团，成立海行广州、香港、海防、河口招待处，并公布具体办法：步行的由学校供给膳宿费用；海行的每人津贴国币二十元，教职员六十元，一切费用自备。

后来北大校长蒋梦麟先生在云南蒙自发表的一段迁校经

过很值得注意。据蒋梦麟先生说：可惜当时没有立刻坐飞机到昆明去，回到长沙，又遭受挫折，教育部还限令学生须走陆道，因此一再迁延时日，等他去昆明找房屋时，昆明已患人满，再也难觅合适的场所，可以用作校舍了。

在寒假中，教职员就分批动身，学生决定随校去滇的约有七八百人，其余一部分留在长沙寻找工作，一部分借读湖南大学，四年级的学生因为只剩半年，事实上无须去滇，但是学校仍不准变通办法，以为就是当作一次毕业旅行，也是顶有意义的。

湘黔滇旅行团在二十七年二月十八日从长沙出发，先坐一段船到常德，由张治中将军特派黄师岳师长当团长，学生全副武装：黄色的制服，外面披一件黑色的棉外套，背上都挂一把雨伞，腰间小皮带上系着碗筷，此外每人还都挂一个黄布袋，里面放些替换衣服和袜子之类。生活完全军事化，随身铺盖至多只可带十五公斤，由学校雇汽车沿途运送。教授随行的有曾昭抡、闻一多、袁复礼……诸先生，一路上曾先生热心拍照记日记，闻先生忙于写生和做诗，袁先生念念不忘考察地质，连日常生活都懒得讲究也无法讲究，到昆明时，闻先生已经变成了思于思的大胡子了。

海行的学生第一批于二月二十五离开开长沙，乘粤汉火车去广州，借住在岭南大学，一直到三月初旬全体方才由长沙到齐，原以为无多只要一二个星期就可以继续动身，不料因为云南那边没有房子，一再来电延期，直到三月二十八日第一批方又搭轮去香港，借住在青年会的健身房，接着再分批去海防，转道往云南。

在广州临动身时，知道学校将分两部分，文法学院在蒙自，理工学院在昆明。当滇越火车抵达碧色寨车站的时候，从学校的欢迎旗上，才知道"长沙临时大学"已经改名"国立西南联合大学"。

学校为什么这么措置？据蒋梦麟先生说：因为在昆明一时找不到可以容纳上千人的适当房屋，碰巧遇到一位教授的朋友，是在个碧石铁路办事的，他以为昆明想不出法子，蒙自倒空屋很多，可以去看一看。到了蒙自，先看海关，房子的确很大，有花园，有平房，自从蒙自海关搬去昆明后，房子空着也没有用，但是最好要租到别处房屋，他们才肯附租，于是就看接连海关的东方汇理银行，房子没有海关大，租金每月要五百元，可是租了还是不够，就再看歌胪士洋行，起初听说每月只要租金二十元，不料是缠错的，二十元只好租一间，全部房租要三四百元，没有法子，只得租了，至于海关方面，每年只出租金一元，是做个手续的。海关的隔壁是法国领事馆，也有花园有厅堂有厢房，索性去借，曾经三次打电报给上海的法国大使，结果得到巴黎来电，虽不能租，仍可以借，用途限于公共宴会，只是不能改作教室或宿舍。后来连法国医院，也允许修葺辟作足以容纳五百人的新生宿舍，海关北门一座滇越铁路方面筑就的破楼，也正计划改作文科图书馆。

起初，蒙自方面的校舍原想给理工学院的，后来施嘉炀先生曾经到蒙自看过，以为在这里办理工学院有种种不便，而且仪器、材料和药品，购买起来也十分困难，所以临时又改作文法学院。

昆明方面，理学院是借的农业学校，在大西门外；工学院是借的全蜀会馆和迤西会馆；总办公处在崇仁街，好似一家洋行的总写字间，全然不像学校；因此急于要建筑合用的房屋，地方是选定了，在城外浙江公墓附近，地名梳妆台，是陈圆圆的古迹，根据历史考证虽然未必确实（注一），但是在民间却盛传着这一段动人的韵事，从前吴三桂跟陈圆圆是在那儿热闹过一时的。

在昆明，一时买不到许多木材和竹头，包工的匠人又不守信约，讲好日子交货，往往临时延期，说是没有法子；所以教职员和学生刚到昆明时都利用汽油箱，床铺是汽油箱拼起来的，桌子是汽油箱搭起来的，把汽油箱横摆可以当凳子，直放可以做书箱，教育部参事陈石珍先生参观后很受感动，他说这种拼七巧板式的家俱看起来颇觉有趣，见到你们的生活，不禁使我体味到都德的《最后的一课》的精神。

从精神方面说来，在昆明读书真不能算苦，气候是四季如春，环境富于江南风趣，本地人又是顶老实的，因为有滇越铁路接通海口，这里早已逐步近代化，只要有钱也能获得物质方面的享受，有人说昆明像成都，又像北平。

蒙自方面呢？学校就在南湖之滨，"南湖夜月"是被认为蒙自十二景之一的，住的木制双层床，课桌不是用汽油箱搭成的，比较昆明那边要强一些。可是这里是向来著名的荒地，生活费用要比昆明高出四分之一，七块钱一月的包饭反不如昆明六块钱一月的，吃不着多少肉，鱼是贵得可观，海味也难板上口，云南食盐缺少碘质，容易患大头颈病，于是大家都想吃海带，那是要上中国药店里去买的，时常断货；亏得云南大学的教授发明了一种"含碘精盐"，真会做生意，因为谁都怕自己的颈项大起来，自然利市三倍，把食盐当做味精用，什么菜汤都加一些。

以人口不到二万的蒙自县城，骤然的住上三四百看来怪异的来宾，不消说，在地方上是会发生一种惊动的力量的。大学生那种近乎浪漫的生活，给平时过惯拘谨日子的乡民看来大不入眼。清华校长梅贻琦先生说：从前，他们女子出门还都撑把挡住头面的伞（注二），现在你们一部分男女学生居然并着肩步行，这在他们看来算不算怪事？同时你们女同学穿着华丽的衣饰，也很容易改变她们俭朴的习惯，我们来到这里，即使不能移风易俗，可也不好伤风败俗；所以规定男生以黄布军装，女生以蓝布长衫为制服。在刚开学的时候，因为地方上人言啧啧，对于少数过于放浪的学生深表不满，一部分学生曾有"正风团"的组织，他们声言，将用清华 Toss 的手段，来惩戒那些不守本分的败类。

前几年，蒙自向称迤南的匪区，现在因有驻军的弹压，地方才稍稍回复平静；可是离开城区过远，或者时间太晚，也往往发生乱子；北大教授英国青年诗人 Mr.Jameson，接连在野外被抢过四五次，只因眷好南湖四周的风景，抢劫的恐怖仍抑不住他郊游的雅兴。

二十七年的夏天，因为某种关系，蒙自的文法学院，已经迁让，归并在昆明一处了。

在这样的优良的环境中，西南联合大学的学术空气是应该浓厚的。冯友兰先生在南岳就开始写他精辟的《新理学》，虽然在赴滇途中，不幸在广西伤了手，住在河内医院的病榻上，还苦思冥索，创立他对于"鬼神"的见解；在蒙自，他同哲学研究会一班会员，每星期有热烈的讨论会。钱宾四先生最近卜居宜良城外岩泉寺，已经整理好一部三十万字的《中国通史》稿，这是他五六年来在北平讲学的笔记，前年离平出走，在×人严密的检查下，很幸运地带出了这部稿子，正为如此，弥觉可贵。姚从吾先生除了努力宋史研究外，还打算做一部抗战的日录，这在前面已经提过了。给不少人怀念的吴雨僧先生，也早到了云南，生活尚安逸。陈寅恪先生是在二十六年的冬天就到长沙的，也来云南，现在又去英国牛津大学讲学了。理工方面，自从顾毓琇先生出任教育部次长后，理学院由吴正之先生主持，工学院由施嘉炀先生主持。现今全校的组织是：最高机关由北大校长蒋梦麟先生、清华校长梅贻琦先生、南开校长张伯苓先生担任常务委员，处理全校事务；下设总务长（杨振声先生，后改沈履先生），教务长（潘光旦先生），建设长（张伯苓先生，由黄子坚先生代）各一人；共有五院：文学院院长是胡适之先生（冯友兰先生代），法学院院长方显廷先生（陈序经先生代），理学院院长吴正之先生，工学院院长施嘉炀先生，师范学院院长黄子坚先生。

  关于联合大学的经费，除了由中英庚款会补助开办费五十万元外，平时系由三校原来经常费中各出十分之四，例如清华每月原用十万，现出四万；北大每月原用八万，现出三万二；南开每月原用二万，现出八千。教职员薪金，其总数限定不得超过经常费十分之六，余须自垫，如清华月出经费四万，其教职员薪金不得支用逾二万四。外间误会联合大学是清华出钱，南开出力，北大坐享其成，那是不对的。

  当学校开办之初，三校原聘教职员，清华本主甄选主义，南开则主保持原状，结果决用后法，但是比较原有人数，已甚减少。

  （注一）据考证这里实在是明永历帝的陵墓。
  （注二）现在已经没有这种风气。

选自《宇宙风（乙刊）》一九三九年第五期

// 侥幸进了西南联大

丁　宁

我这次离开上海,动机想多看看世界的情形,增进些个人的见识的。谁知道一到长沙,一看情形不能站脚,在长沙会把我饿死,于是又跑到贵阳去。到贵阳的时候,是九月中旬,那时一班老同学夫集训了。留在校里的那些贵州土著(并不是真的土著,真正的土著是苗子,不过下江同学都这样称他们),既不熟悉,又不投机,那时我真懊悔,不该出来。这样无聊的生活过了二个月,集训的同学回来了。学校第二期注册也开始了。但是看到集训同学中,老同学依旧不多,并且听到有许多人已经回上海去了。加上气候又过不惯,各种环境虽不差,然而生着厌恶的心,总是使不出劲来。

所以我决定离开贵阳,进联大的经济系二年级,虽然吃亏一点,或可以后补。

长沙时遇到一位姓张的朋友,他是从前清华的学生,已停了一年学,现在要去昆明复学,他告诉我说:"联大现在正在招转学生,手续非常简便,只消你把成绩单交我带去,我可以和你去办理一切手续。"当时,我倒也不见得起劲,不过人家既然这样好意相劝,似乎不应该冷淡人家,于是就把成绩单交给他,请他办理一切手续。过了两个月,接到那位朋友的信说:"学校里已将请求转学的审查过了;一千三百人中只取了三百三十九人,你也是其中的一个幸运儿。"这时正是我在想离开贵阳的时候,于是我就决定走了。

那知道跟学校当局要转学证书时,因为我才到此没有多时,成绩还是要等上海寄来,才肯发给。然而联大开学日期已近,所以急电托友人代领在上海学校的转学证书。这时我想,假使联大不允许我缓交证件,我就要往陕西去读抗大。幸而联大能够通融,遂不致重上征途,远走陕北。

联大是采取学年与学分两种制度,就是说一定要读满四年,一百三十二个学分,缺一分不能毕业。联大没有商学院,只有法商学院,内有商学系,商学系则分会计组,及银行组两组。理学院分化学,物理,数学三系。

最近又有中正医学院要搬来,同济也要搬来了,听说中山大学及浙江大学都将搬来。所以,近来昆明街上,学生很多,下江口音,到处都可听到。

现在把把联大课程的内容,记笔账:会计组必修课程大概如下:国文六学分,英文六学分,经济学六学分,论理学六学分,中国通史六学分,商算四学分,军训二学分,西洋史六学分，货币银行六学分，初级会计六学分，统计学六学分，本二英文六学分，欧洲经济史六学分，高级会计六学分，经济理论四学分，成本会计六学分，高级货币银行六学分，国际贸易六学分，其余铁道会计，所得税会计，官厅会计，审计等课程，记不清楚大概如此。

理学院课程：国文六学分，英文六学分，论理六学分，微积分六学分，化学六学分，物理六学分，有机化学，定量，定性化学，高等无机，高等有机，国防化学，理论化学，化学方程，化学文献，制造化学，化学工程，化学计算，化学等大概也差不多。

选自《学与生》一九三九年第一卷第二期

// 西南联大的前身和现况

冯绳武

谈起"联大"这个名词,谁都晓得它是抗战军兴以后的产物,尤其是西南联大,谁不知它是向日的清华、北大、南开三大学合成的,但是,事实并不这样的简单,西南联大的前身,却不是清华、北大和南开,而是大家已不注意了的长沙临时大学。而长沙临大才是北大、清华、南开的化身。究竟在"七七"事变后,很短的期间,为什么要联合北大、清华、南开为一校呢?为什么要取名长沙临大呢?后来又为什么要改名为西南联合大学呢?这自有它的历史的背景和当日环境的促使,容我略加说明吧。

两年前凡是到过故都想升入大学的青年学子们,第一志愿总难撇开北大和清华,若是公子哥儿们,偶然驻足天津,莫不以升入南开之堂为唯一的愿望。自然因北大、清华是全国文化中心区最富盛名的最高学府，换句话说清华、北大就是现代青年的摇篮，亦即数十年来造就革命人材发扬学术文化源泉。同样，南开大学在学术上和历史上自有它的不可忽略的地位。如果读者有机会再到北平，只花三角国币，坐辆轻便而舒适的美富行汽车，驶出西直门，一边欣赏故都郊外的名胜，一边注目柏油道上的车流和人流，不过半点钟，便到水木清华的所在，下了车，进校门，沿着两行短矮而整齐的密林间走去，不到百步，便是半老的第一院办公楼，接着又到宫院式的第二院，旁面矗立 Dome 式的大礼堂，四根纯白大理石柱，一个金色照眼的铜门，升堂入室，多么伟大而庄严！礼堂后面，有同第三院平列的图书馆，金碧辉煌的三道铜门，镶在奇山异水点缀而成的大理石壁间，軮而滑腻的腊地，光油油的宝石墙，各色各样的大理石镶成的盥洗室和厕所，几万卷中西书籍堆满的古铜书架，确是浩如烟海，揩书者谁不留恋它呢！第三院的后面，并列着三层异式的钢筋铁筋楼四座，才是男生宿舍的明斋、新斋、善斋和化学馆，遥对着铁窗红墙向若禁宫的女生宿舍——静斋。此外有虫鱼鸟兽奇花异卉充满的生物馆，扶地千尺的气象台，橡皮走廊，檀木地板的体育馆，电梯腾空的机械馆和化学馆，亭榭参差的工字厅，都是别开生面，各尽其美的建筑。现在呢！竟都变作倭寇饲马屠人的场所，回忆起来，曷禁铜驼荆棘故都禾黍之感！难道如许的物质建设和精神寄托的文献之被毁灭，是清华所独有的遭遇吗？不，还有北大和南开啦，它两校自平津沦陷后，和清华遭逢了同一的命运，尤其是南开，整个的楼舍，最先毁于敌人弹炸之下。所以三校因为同病相怜，才会联合成三位一体。不但此也，清华、北大和南开，三校均行学分制，课程和院系的设置，也多相同之点，而且北大自"五四运动"后，一向为全国学运的盟主，但自"一二·九"以来，学运方面，不惟被清华迎头赶上，且已起而代之，南开也执津门学运之牛耳，这又是三校学运精神相似，会当风雨同舟，自能患难相处之点。以上才是三校所以联合的原由，不必多说了。

长沙临大，已经是历史的名词，但它的短促的命运和身世，也有值得一谈的必要。两年前，临时大学凭着清华、北大和南开三校共同的特点，联合南迁，成立于长沙，故名长沙临大。校址除文法学院在衡山外，所有的校务办公处、教室、实验室和图书馆，都设在长沙小吴门外圣经学校的一座三层楼上，学生宿舍散住在前四十九标兵营，衡湘中学，文艺中学，涵德女校等地。大部同学，经常住在地板上，上漏下湿，四面通风，在苦雨凄风之夕，凉月晓寒之晨，过着流亡羁旅的生涯，至今回首，别是一番风味！不料在那警报频传甚至轰炸声中，上课仅一学期，部令迁往云南，当时三校学生共千六百多人，约有一半同学，不堪精神流亡之苦，直接参加抗建的工作，其余八百多人，分为两批，由海陆两途赴滇，身体较强健者组织"湘黔滇旅行团"，由陆军中将黄师岳任团长，国内旅行家袁复礼和闻一多、曾昭抡、黄子坚、李继侗诸教授组成辅导团，率领同学三百五十余人，由长沙起程，经常德、沅陵、辰谿、芷江、晃县、玉屏、清溪、镇远、施秉、黄平、炉山、贵定、龙里、贵阳、清镇、平坝、安顺、镇宁、安南、普安、盘县、平彝、沾益、曲靖、马龙而至昆明，计阅时凡六十八日，步行凡三千四百华里，穿过苗瑶果罗之区和瘴疠疾疫之地，也经过了锦绣河山的湘西和"两岸桃花夹古津"的桃花源，也曾发现了人迹未至，天然鬼工，奥妙奇特的"火牛洞"。另一批约五百人，由湘经粤，乘桴浮海，自香港安南而达昆明。临大抵昆后，因此前"长沙临大"一名，不适用于云南，始改名为西南联大，而临大一名，自兹不复再有矣。

联大刚到云南，以地址所限，仍分二处，文法学院在蒙自，理工学院在昆明，经一学期后，文法学院又搬至昆明，从此文理由分而合，直到现在，虽没有什么远大的迁移，而局部的宿舍搬家，至少在四次以上了。

纵观两年来，联大流离迁徙的经过，和所以三迁的原因，只可用现在联大校歌作一概括的叙述：

"万里长征，辞却了五朝宫阙，暂驻足，衡山湘水，又成离别。绝徼移栽桢干质；九州遍洒黎元血。尽吹笳，弦诵在山城，情弥切。千秋耻，终当雪，中兴业，须人杰，便一成三户，壮怀难折。多难殷忧新国运，动心忍性希前哲。待驱除仇寇，复神京，还燕碣。"

西南联大的校政方面，与其说是"三位一体"，不如说是"一国三公"，何以见得？它的最高组织是常务委员会，三位常委，便是清华北大南开三校校长梅贻琦、蒋梦麟和张伯苓三先生，这三位巨头以下，便各自为政，互不相干。例如清华有清华的办公室，北大有北大的办公室，南开自然不能例外。甚至原有三校学生的选课注册及一切交涉、事项，都是三权分立的。

近来关于真正联大的校务，才有统一的组织，最高职位有三：即教务长、训育长及总务长，由樊际昌、查良钊、沈履三先生分任之，教务长权力最大，管理注册、选课、事务、文书、会计各部，及其他有关校政事项。训育长下属军训、体育、斋务、收发等处，及学生生活等项。总务长似乎有名无实。

院系方面，除新设师范学院与电讯专修科外，大体和原来三校的科系相同，不过略有合并损益而已。如文学院长为国内哲学权威的冯友兰，学生共三九四人，内分中文、外文、哲心及历社四系。法商学院院长为陈序经，学生共七〇三八人，分为法律、政治、经济及商学四系。理学院院长为吴有训，学生共五〇九人，分为算学、物理、化学、地学及生物五系。工学院院长为施嘉炀，学生共七一八人，分为土木、机械、电机、航空四系。此外有先修班七五人，晋修班三七人，北大研究生一四人，特别生二六人，旁听生二六人。新设的师范学院院长为黄钰生，学生共二九八人，分为教育、史地等系。总计西南联大学生共二七四八人，其中男生二二七九人，女生四六九人。

关于课程及修业期限，除师范学院须习五年外余均四年毕业。在四年中，至少须修习一百三十二学分，每学年应修三十三学分，不能超过四十，亦不能少过二十八学分，各科系的课程分选修和必修二部,各学程如不及格,不准补考,只准重修,但不另给学分。以上是原三校本科学生应守的通则,联大学生亦可适用。惟自本年起,因部颁新课程标准,与前稍有出入,故联大学生的必修课程略有增减。转学联大者,有相当的吃亏,无论你以前学过多少课程或多少学分,若转入二年级只准三十三学分,三年级只准六十六学分,而以前应必修而未修习者,务须补修,但无学分,四年级无转学规定。西南联大成绩的标准相当高,总平均能在八十分以上者,固然不少,然而已属难能可贵,据几位东北大学转学来的同学说,东大的九十分,相当于联大的七十分,过去清华同学成绩在七十分左右者,借读燕京,起码得分都在八十分以上,甚至在清华对读书感到失望的同学,一到燕京或他校借读,便对读书有把握而乐观起来了,事实俱在,无须赘述。联大还有一种刷人的风气,对于不及格的学生,毫不客气,比方上学年学生,共千七百多人,成绩不及格在二分之一以上者一百多人,因之,被一幅皇榜整个的刷出校外,此无他,因去年教部统一招考的取录标准为二取一,较以前十取一时降格相求之故,据说教部本年取录者为四取一,标准较去年稍高,但较前年,仍属降格相求矣。

学生生活方面,因学校限于经费及地址,种种设备,极其简陋,在昆明城北三分寺附近,经过年余的大兴土木,终于落成模范监狱式的学生宿舍四十余所,和比较明净整齐的教室与实验室三十余所,并有相当高大的图书馆及大食堂各一座,此所谓联大的"新校舍"也。一年级及理学院二三年级住在这里，文法学院二三年级住在城内的昆华南院和北院，城外的昆华师范，是各院四年级的宿舍，又有昆华工校，为总务办公处和女生宿舍的领域，工学院散布在城南拓东路的迤西会馆，江西会馆等处。与新校舍相距约十里。联大近来自教授学生以至于工友，最感困难而没法解决的是吃饭问题，三个月来，每石（滇人呼斗为石，殊可哂也）米价，由二十元涨至六十余元，膳费每月由六元涨至十八元，犹且骎骎乎有日涨之势，因此饭质变坏，饭量减少，同学因每饭难得一饱，迫于生计，各食堂抢饭之风甚炽，你如稍不横吞莽咽，便要枵腹终日，联大学生大都来自各省或各战区，经济来源诸多困难，或竟断绝，而学校的贷金和救济金，二千多人，能领到者不过什一，即此不过什一的同学，每月贷金，不过七元，犹且积欠数月，概不发给，夫以每月七元的贷金维持十八元的膳费，已有杯水车薪之感，而十分之九以上既无贷金，又无其他经济来源的同学，何以为生？此中苦况，可想而知，所幸最近陈部长来滇，大开恩典，已允增加每月贷为十四元，尚有书费的津贴，苦了我们领用所谓省府奖学金者，格于奖金，没有向学校请求贷金之缘，显然有入饿乡的可能！联大刚到昆明后，每个同学穿着一套土黄制服，一件青棉大衣，无论寒暑燥湿，行若无事。观瞻方面，也很划一，现在却不然了，各色各样的装饰，渐渐出现，仅有少数的老大哥们，因经济所限，仍旧敝衣一袭，聊且度时，而大部后来同学，却是杂色杂样，惟有一致的风度，是比较俭朴些，只极少数穿红带绿，粉面朱唇的女同学，依然故态，甘作玩物的装饰，殊可悲也！联大因为课程比较的紧迫，同学揩书竞读的风气，自来很盛。现只有新校舍能容五六百人的图书馆一所，日夜满座，此外有杂志阅览室和理院专门期刊阅览室各一处，亦时有人满之患，惜这类阅览室，晚上停开，致多数同学，竟无用武之地，不期而然的将大西门外龙翔街的八处茶馆，一到晚七点后，权作自修室，为占一席的光明之地，每碗苦茶，虽值国币五分，在所不惜。

联大学生，在这种艰苦的环境中，仍然不改研究学术与练习写作的风气，此间共有日报十余种，而主要各报如中央日报，朝报和民国日报等副刊，差不多为联大同学包办了，其他各报及外处杂志，也多为联大同学写作的园地。此间主要各报的社论和星期论文，几乎是联大教授的产物。教授和学生又有定期出版的《今日评论》。当然学生在报上发表文章，至少有一部的原因是希望得到一部或全部的生活费，而大多数的同学，却是为写作而写作，所有的作品，都登载在校内的壁报上，综计联大定期出版的壁报，约有十二种：如 1. 春火——文学系同学主编，专载文学创作、诗歌和关于文学的研究。2. 腊月——腊月社主编，已出至三卷第四期，注重抗战情形扣战区与边疆各地的通信。3. 群声——群社主编，已出至四卷第一期，注重学术研究与社会生活的写作。4. 文摘——专剪贴各报关于抗建工作的社论，及一般有关抗建的叙述。5. 南针——主办者不明。6. 微言——大概是研究历史的同学主办。7. 青年——上三种壁报，大抵关于抗建、时评、社会动态及青年应有的途径之文字居多。8. 生活——为教育系四年级同学主办。9. 边风。10. 大学论坛——出版至第四期。11. 大众看，系街头壁报之一，不定期。12. 高原。以上各壁报内容大多充实篇幅繁多，每幅壁报，大多有数十篇的作品，各壁报的性质和注重点都不同，每个同学可就性之所近，参加这类写作的团体，惟此类壁报大都为文法学院的同学主办，理院同学因忙于课程，很少有投稿者。

课外运动方面，联大学生自治会，去年始成立，为联大学生对内对外的代表组织，内分代表会，干事会和监察会，为最高组织，下分文书、学术、出版、康乐宣传各股。分工合作，不外服务后方。三民主义青年团近始成立，尚无成绩表现。联大剧团由陈铨教授导演，已有近两年的历史，屡为寒衣献金而表演，博得各界人士的称誉。时事座谈会，无定期。群声歌咏团及海燕歌咏团皆为课外娱乐的团体。此外还有清华北大南开三校各院各系各级的学会及级会，还又加添了联大的各级会，并各省同乡会各同学母校的校友会，诸如斯类的会社，真是不胜枚举。

总之，清华北大南开的学生日渐减少，而联大新来的同学日多一日。西南联大的产生，在抗战的开始，发育在抗战的期间，今后希望它能够仍持北大清华和南开过去在学术上的地位，并造就出大批抗战建国的生力军来。

廿八·十二·除夕·昆吾于西南联大。

选自《陇铎月刊》一九四〇年第六、第七期

// 学术斗士在昆明
——研究精神不为环境所限

玉 章

（昆明通讯）昆明，以前是中国一个落伍省份的省会，现在已经是文化中心之一了。虽则这典型的东方城市仍然保持着污秽的情形：到处的灰尘，弥散空中的臭味，尤数苦力用扁担挑着重物，街上人力车夫的呼叱声——这种种昆明古旧的特征仍可到处看到。

但是在这以前被人遗忘的土壤中，已经培植了新的文化的种子。此地有好几万从各地来的文明的"难民"。你只要走到街道上，你就可以看见一群的人讨论国际问题，他们用着极流利的英语，引证一连串的智识，启示和认识，这种种即使在哈佛大学，或是牛津大学以及任何著名大学都可以博得好誉的。

有三个大学在此地联合上课，就是"西南联合大学"，它
包括战前在北平的北京大学与清华大学和天津的南开大学；南
开大学的全部建筑，包括著名的图书馆在内，都被日本人炸的
炸了，毁的毁了，因为在他们心目中，南开是华北爱国者之大
本营。三校的教授，都是原班人马，他们自己编辑讲义，从报
章杂志上取得材料以推进他们的功课。

著名的南开大学经济系却是幸运的，因为该系的书籍和
杂志都由租界转运到此，是项书籍在这里竟活跃得非凡，而南
大经济系的季刊也很早出版了。

联合大学设立在几所本地的学校内，因为自从去年九月
受到空袭之后，原来的学生早已不敢上课了，所以房屋倒尚不
生问题，所虑的却是设备的不完全与实验材料的缺乏，但是
二千师生的教学的精神虽然经过长时间迁移校址的困难，始终
没有破灭，而且是不能破灭的了。

现在每天仍旧照常上课，学校当局和学生方面都互相体
谅，两方面都依照着权宜的计划，各自协力，服务和爱国的精
神，普遍的高涨着；他们虽然缺乏物质的设备，而他们自有他
们的办法，你如果到他们的实验室去看看，你就可以知道缺乏
物质设备应该怎样做了。

有一种野生的豆类植物在云南是很繁殖的，教授和学生
们都很努力的研究想从这种植物里榨取出汽油的代替品，他们

同时又极认真地致力于找寻甘油，凡士林的代替品的工作，家用的釜，壶，罐，锅与碎肉机都成了化学实验的工具，即使是一座破旧的机器也被用为真空抽气机了。

还有一件从来不会有过的事，就是昆明四分之三的土著，都已被访问和调查过；因为这样一来，对于宣化科学概念，有很便利的地方，就是开发新资源的工作的进行，也可以比较顺利。

中国学者虽然对于科学这样的注重，而他们的陶冶性情和研究理论的工作绝对没有忽略过：却平和李斯脱的著作已经搬上了舞台；我在教授队里混了许多时候，我发现他们不但对于战争的现况极为关切，并且对于国际问题的发展，感到非常的兴趣。

这凶暴的纵火者，在几天之内，把数十年忾惨经营的辛苦，完全轰光，我曾经碰着一位学者，他所有的浩瀚的笔记和研究中国北部历史的材料，完全损失在这次"毁灭南开"中。

这些"难学生"并不像西方人种的感情用事，他们都抱着现实主义，其中有一位学生，很使我惊叹，他认为日本的总崩溃的时期，在中国人本身观察的结果，决不如外国人所预言的那么早；他又引证了事实说经过长时期的争逐后，日本不能征服整个中国，而中国亦于短时期内，有相当的持守，由于这种观察，他就下如下的结论："我们当然愿意回到北方的老家去，但是如果那里没有国旗的飘扬，没有我们自己的炮台，那么也不愿意回去的。"

选自《学生生活》一九四〇年第一卷第三期

// 昆明十九日小记

百 川

一、从人间飞到天堂

三民主义青年团在灌县、昆明、城固、南岳四处办了四个夏令营，中央团部规定中央干事会的常务干事都须亲赴夏令营演讲。何孟吾（浩若）先生和我决定到昆明去。

八月六日早晨三点半起身，吃了隔夜预备好的点心，叫苏三提着简单的行李，踏着晨光向珊瑚坝机场进发。六点左右飞机起飞，到八点三十分在昆明机场平安降落。

重庆今年天气特别热，在我动身前一天，重庆郊外室内的热度是一百零二度，不很怕热的我，也只得牺牲午睡，拼命挥扇。动身的清晨，热度尚在九十度左右，预料那天至少要到一百度。可是一上飞机，热度就逐渐减退，到了云南境，简直如在"琼楼玉宇，高处不胜寒"。同机的旅客都加穿随身带着御寒的毛衫或夹衣,我也披上了那件晴雨两用的"雨衣"。比至飞机降落地面,一问热度是七十六度。我是从人间升到天堂来了。

飞机场离城尚有十余公里,航空公司尚有汽车接送旅客。我在客车中正好坐定时,康兆民(泽)先生的秘书许伯超先生驾着一辆小汽车来接,于是就坐许先生的小汽车到夏令营。

与康先生晤谈之下,知道何孟吾先生已先两日到昆,夏令营已如期开学,学生四百六十人,大中学生各半,林同济先生任政治总教官,昆明各界对夏令营的印象极好。康先生要我住在夏令营,好与学生多接触,并说昆明物价比重庆的更贵——豆芽要十元一斤——住在外面很不经济。他随即带我去看副主任陈雪屏先生和林同济先生,并在林先生房内替我加设一间。我怕打扰林先生不好意思,而且两三日前已经电请云南省党部的陈秀山先生在他开设的云南服务社定好一个房间,于是决定住到服务社去。

由汪洋先生陪着,坐了原车驶向城内。汪先生和我都是初到昆明,不识路径,司机是下江人,向在滇缅公路上开车,对昆明市街不熟悉,看来服务社是找不到的了,于是改找省党部,不道问了四位警士,都回说不知,问财政厅,也同样答不上来,最后问到一位行人,才知道省党部是在华山南路。到了省党部,见过老友赵公望先生,才知服务社就在省党部隔壁。于是打发汽车回夏令营,由赵先生陪我到服务社,就在预定的廿九号房内住下。赵先生对我说:杨家麟先生已知我要到昆明来，他准备约我住到他家去。

"他家有余屋，而且杨太太待客很好，你不妨住在他那里。"赵先生在分手时，说要陪我去找杨先生。

昨夜无眠，颇倦，和衣而睡，醒来时已十二点半。到华山西路一家小饭馆中吃中饭。豆腐汤一碗十元，炒鸡丁十八元，较重庆的稍贵。归途经过朝报馆，访王公发先生不遇，到中央日报访詹文浒先生也不在，只得回服务社继续入睡。

大约三点左右，被打门声惊醒，醒来是潘世徵先生来看我。潘先生现任昆明中央日报记者。在七八年以前，潘先生尚在上海光华大学附中求学，学行都很好，由学校当局选拔出来参加上海市党部所主办的优秀学生联谊会，我们在那时有过一面之雅。抗战发生后，他跋涉万里，到山西民族革命大学去受训，后又回到汉口，和我一度通信讨论青年抗战问题，我劝他，"回到学校去抗战"（我们的通讯发表在《血路》周刊第十四期）。他听了我的话，在云南大学完成了他的学业。相见之下，谈了很多关于别后的情形和昆明的现状。

不多时，杨家麟先生也来了。他是《血路》周刊编辑人之一，和我在汉口同过极紧张极艰苦的生活。他的工作成绩，保证了他的有为有守，所以一到重庆，就由中央派他回云南来办党。他现任省党部委员，并兼财务人员训练所主任和省训团教务处处长。杨潘两先生都很关心《中央周刊》，我于是详述中周的现状和明年发展到每期十一万份的计划，他们听了都很兴奋。

五点左右，杨先生陪我到街上散步，顺便去看赈济委员会的陈君毅先生。我们走的是昆明最热闹的正义路，这时店门初开，生意兴隆，街上红男绿女，拥挤不堪，市政当局为避免行人的面对面的碰撞，派警在指导行人走在左边。

但在一小时以前，不独行人稀少，商店也根本没有开门。上午休息，下午营业，这本是云南商场的旧习，经过去年的轰炸，这个旧习更觉牢不可破。幸而公共机关和工厂都是全日办公，所以国家社会的损失还不十分重大。

路上所见的另一特殊现象，就是黄金的公开买卖。自从法币政策推行以后，黄金白银俱属国有，私人不得买卖，然而昆明私人所开的金店，却在公开买卖黄金，而且高抬其价为每两四千七八百元（官价是六百余元），大利所在，据说有人从别省冒险运金到昆明来，最近且闻有人从印度带金进来，所以来源不愁耗竭。同时，因为过去滇缅路运输的便利，昆明人发财的很多，所以金价虽贵，买客仍甚踊跃。预料将来货物减少以后，囤积居奇的人无货可做，势必争以黄金为投机发财的标的，而金价必将更高。

六点左右，雇人力车到杨家去吃饭。车资每辆十五元，若在重庆，四元便够，但昆明的车资是五元起码。同席的有孙军长和老友陇体要先生等。杨家夫妇坚邀我在他家住下，我请稍缓数日。微雨，附陇先生汽车回寓。

二、冒险家的乐园

昨夜小雨,气候特凉,盖了棉被,犹有寒意。

七日早晨起身不久,陈君毅吴人骐二先生就敲门进来邀我到冠生园去吃早点。昆明城区并不大,而人力车价则甚贵,所以我们决定步行前往。到了冠生园,发现楼上楼下都已客满,于是改找一家叫做护会益茶室的去吃了一些"下江点心",代价当然不小。

昆明本来是"冒险家的乐园",上海人在此发财的很有几人,虞洽鄂先生长袖善炼,据说后来居上,发财特多。现在滇缅路虽已封锁,然囤积居奇的生意尚可做得,只要有钱肯花,什么享受都有,所以昆明尚不失为后方第一号的"乐园"。陈先生对我讲了好多有趣的故事。

康兆民先生约我在裴市长公馆吃午饭。我到得稍迟,关总司令雨东(麟徵)、杜军长聿明、黄军长维和他的太太,都已先到。裴市长因公赴渝,由裴太太帮着主人招呼我们。后来何孟吾先生陪着他的夫人赶到了,于是主人就邀我们入席。菜并不怎样名贵,但都烧得很有味。据经办的刘志寰先生(云南青年团书记)说,那是谭故院长一位名厨的助手所烹调的。我和杜军长坐在一起,他对我谈了一些缅甸和印度的情形。杜军长这次率领第五军深入缅境,抗击强敌,身陷重围而终能突围而出,所以大家对他"干杯",以表示敬意和贺意。

昆明正入雨季，随后又下"毛毛雨"。我搭着康先生的汽车回寓。康先生在车中通知我明天有我的课，讲题可由我自定。我问训练计划上所规定的"总裁言行"有人担任否，康先生说尚未决定，于是我表示愿讲"总裁言行"。全部共讲五小时。

回寓小睡。四点半到图书杂志审查处访陈保泰先生，在门口相遇，同到华山咖啡屋去吃点心。咖啡五元一杯，在昆明物价中尚不算贵。陈先生是浙江人，来昆明已三年，因为交游很广，所以成为"昆明通"。我们从党务政治谈到教育和文化界的各种情形，使我对昆明有进一步的认识。最后他邀我到一家云南馆子叫做东月楼的去吃晚饭。同席有赵公望、杨家麟、唐雄伯先生等五人，都是他临时邀来作陪的。东月楼规模并不大，却有几样名菜，所以食客很多，我们等了一时才侯到空位，一放下箸子，就有后客来候补。我第一次发现昆明菜馆也居然不准喝酒。

杨家麟先生一定要我搬到他家去住。他和我同到云南服务社，替我付了房金，雇了人力车，在微雨中硬把我邀了去。高情厚谊，极可感佩。

我们相互谈着别后的情况，共历三小时之久。"士别三日当刮目相看"，而况我们已分别了三年！无论在学识上或事业上，杨先生确已有着很大的进步了。

三、西南联大谈话会主题

八日上午九点到夏令营讲课。我的题材集中在阐明总裁的伟大的人格,而以总裁自己的言行作为阐明的材料。(我把总裁一生的言行归结成为六点)。我在中央训练团社会工作人员训练班曾就这个题目讲过一次,收效颇大。这次第一小时讲完后,我看学员也很能领会。

讲毕回杨寓,即在杨寓午餐。杨太太预备的菜肴中有"乳扇"一物,尚是生平第一次吃到。据杨太太说,云南有两种"乳产"——乳扇是从牛乳中提炼而得,另一种是乳饼,是从羊乳中提炼而得——二者都可作菜吃,但后者臊气较大,好多人不大喜欢。杨太太是江苏人,曾在上海复旦大学毕业,学识很好,同时很能处理家政,确是一位贤内助。

西南联大校务委员会来邀我们参加校中特为我们预备的一个茶会。地点是在西仓坡清华大学办事处,时间是下午四点。我到得特早,随后何孟吾、康兆民二先生也准时赶到。联大教授被邀参加的约有二十余人。因为何先生是物资局长,而教授们所最感痛痒的就是物价问题,所以大家便从物资和物价问题谈起。张奚若、伍启元二教授发问最多,何先生答覆得非常得体。但因物资局并无解决昆明各校员生生活问题的准备,教授们不免有点失望。第二个问题是昆明夏令营的情形,梅校长和查训导长(勉仲)对此特别关心,问的很多,由康兆民先生——答覆,大家似很满意。从四点钟一直谈到七点钟,我们因为尚须赶另一个宴会,不得不先告辞。

从这次谈话中,我彻底认识了昆明教授生活的苦况,我准备回到重庆时向教育部陈部长祖燕报告一下,希望政府设法补救。原来据各位教授的估计,昆明目前若干必需品的价格,俱较战前涨高一百倍以上,而重庆物价平均仅涨七十余倍。教授们每月所得的薪金和补助费,假定是一千三百元的话,事实上仅有十三元的购买力。他们不希望照物价指数给生活费,因为这样本来拿三百元的就可拿三万元,当然不是国家所能负担,他们希望能够恢复到战前三十元的购买力。他们曾在教授会中论过两次,但是没有得到一致的结论,因为他们也得顾到国家的困难。

晚上由夏令营招待昆明党政军教的负责人,济济一堂,兴趣很好。

四、看山看水看人

九日是星期日,上午忙于接待来访的友人。这些友人中,有神交已久而那天才识荆的云南教育厅长龚仲钧(自知)先生,有多年不见的老同事万湘徵先生,还有上海敬业中学的同事吴国祯先生和同学袁鸿勋先生等。和家麟先生同住的崔书琴先生,也由家麟先生给我介绍见了面。

记得今春因事赴成都,在成都和灌县住了十四天,而所拜访和接见的旧雨新知，平均一天不到一人，因而留有充分的时间和精力可以游山玩水，逛马路，访旧书摊。我那时的口号是"看山看水不看人"，偶然遇见熟人，便以这个口号解嘲。这次本来也想默默的来，偷偷的去，省得麻烦许多人，但因中央通讯社的记者先生们替我一连发了两条新闻，不独昆明的四家报纸都登了出来，据一位贵阳来的朋友说，贵阳报纸也有电讯报告我到了昆明，因而好多朋友才纷纷下访，而我也不得不分头拜客。以昆明之行和成都之行相比较，在成都所看的只是山和水，而在昆明所看到的，则除山水之外尚有许多人，昆明之行的收获自然较多。于是我得感谢昆明中央社的朋友们。

关总司令雨东约我们在一家北方菜馆吃中饭。同席的除关先生关太太和关小姐外，有张奚若夫妇、何孟吾夫妇和战斗法国的两位军事代表。两位法国客人不能说中国话，于是我们便以英语交谈。关先生的英语说得虽不怎样好，但已能应付裕如，很是难得。何先生对法国友人盛称关先生的英勇，说在某次会战中，关将军没有参加，日本人便在上海很骄傲的广播说："中国军队已在这次会战中被我们打败了，可惜关麟徵没有来参加，他要是来了，一定也会知道皇军的利害！"

饭还没有吃完，侍者报告外面有预行警报，市民已纷纷向城外疏散。关先生宽慰我们说："不要紧！敌机决不敢来！"听到我机起飞的声音，关先生又说："我机已起飞迎击，敌机决不敢来！"

关先生是陕西人，吃惯面和饼，那天预备有很好的面饼，于是我们也大吃一顿。

出得菜馆,马路上已十分冷落。好容易找到一辆人力车,以双倍的车资拉到杨公馆。

休息一回,警报便解除,偕家麟先生往北门街访贺自昭先生。我们访贺先生的目的,是在交换关于三民主义研究的意见,并请贺先生替中央周刊向西南联大教授拉稿。贺先生引戴季陶先生对他的话,说要在学术上研究三民主义,在事功上研究三民主义,这是说三民主义要与学术和事功打成一片。于是我想起了总裁两年前关于主义研究的一个指示。总裁也说,阐扬三民主义的工作,要合两种人的力量去做:一是有学术修养的人,一是有政治经验的人,庶几三民主义的研究可把理论和经验打成一片。

贺先生曾替中央周刊写过两篇长文,他很爱好中周。他说中周没有党办刊物的一般缺憾,而能完成党所付托的宣传任务,办法相当高明。我们商定以我们三人的名义,约联大一部分教授餐叙,顺便请他们为中周写稿。

经过这次长谈,我发现了与党办文化事业有相当关系的贺先生尚未入党,而他的同事冯友兰先生却是本党一同志。但贺先生是终于会入党的。贺先生就要动身到重庆向中央政校学生讲学。

五、重逢卢总司令

十日晨与方国定先生等吃过早点后，即往文庙游览。据《昆明导游》所纪，文庙本来也是一个胜地，因为那边有苍松古柏，珍禽异兽；可是一到那边，不禁大失所望，原来经过去年的轰炸，文庙已变成一片瓦砾场了。幸而废墟上摆着许多旧货摊，还有好多逃难进来的侨胞也在那边设摊出售劫余的货物，所以瓦砾场倒也并不寂寞。我在那边徘徊好久。闻过那些新旧各货的价格，益信昆明物价较高于重庆。

文庙距省党部很近，顺便跑去看赵公望先生，并向他借了一部《总裁言论》，以便次日教课时翻阅。赵先生约我出席空军节纪念会演讲，我因不懂军旅之事，再三逊谢。最后答应在他主持的民国日报上写一篇"专论"，他才让我脱身。

到云南服务社理发，索价十元。这虽又较贵于重庆，然在昆明已是最低的价目了。在服务社门口巧遇一位七年不见的游美同学谢季谷先生，他本是学工程的，但现在已改行做生意了。他在前几天报纸上看到我在昆明，好容易打听到我的服务社的住址，特来看我。他知道我喜欢吃西菜，陪我到南丰餐室吃中饭。三菜一汤，味极可口，问价是廿五元。到昆明以来，我发现只有这次的西餐是比重庆的便宜。

次日一早就须到夏令营上课，而讲义尚未完全准备好，所以饭后略谈之后，匆匆回寓编讲辞大纲。

民政厅厅长李子厚先生很爱朋友,约我们到他家里吃晚饭。席间得遇云南名将卢总司令(汉),谈得很愉快。卢先生魁梧奇伟,慷慨爽直,确是军人本色。但在不久以前曾因盲肠炎割治两次,所以体重减了好多,可是精神仍和汉口见面时一样的健旺。

席间,我们从重庆的天气亢旱谈到今年的收成,又从重庆的收成谈到云南的粮食问题。于是康兆民先生想起了夏令营的膳食,他很轻松的说:"我们做了一个统计,在夏令营的学生中,每顿吃三四碗的占大多数。我们预料一个月后,每人平均可长两磅肉。"这话引起了卢总司令一篇大道理。他怀疑每人每顿有无吃三四碗饭的必要。他说我们有一个传统观念,以为多吃有益于健康,所以主人请客人要"努力加餐",父母希望子女吃得愈多愈好,殊不知饭吃得太多会发生胃病,即使不生胃病,但从小把胃肠扩张了,以致每顿非多消耗一二碗不可,这对国计民生也有大害。他希望夏令营不要鼓舞学生多吃,而要鼓舞少吃。我用自己的经验,申述卢先生"食不过量"的道理:"外国人大体比中国人吃得少。从前我们初到外国的时候,跟着别人吃得一样少——每顿只是一小碗菜,三片面包和半磅牛乳——最初觉得不够饱,一二月后大的胃也缩小了,觉得正好,而体重也增加了。"康先生颇以为然。

从吃,我们又谈到住。主人李厅长也发挥了一篇大道理。他说上次到重庆是坐的汽车,沿路看到川黔两省的房屋,竹篱茅舍土墙,多半不很坚实。云南则不然,不独墙打得很结实,而且土墙或砖墙的里面，还要加上木板，以防贼去挖壁洞。地基尤打得好。开工之后很少半途而废。这大致因为云南人的特性喜欢这样踏实。所以李先生说从房屋一端可以看到个性和民族性。

回寓已十点钟。李灿先生等我已很久，他要我第二天到省干训团去演讲。杨家麟先生是干训团的教务处长，也希望我去讲一次，我只好勉强答应。

六、一天尽是演讲和座谈

十一日一早起身，七点二十分赶到夏令营上课，续讲《总裁言行》。第一小时，从民国十二年托洛斯基在莫斯科对总裁的临别赠言——"忍耐和活动是革命党人的两个要素，相辅而行，缺一不可"——详述总裁的豁达大度，能忍人所不能忍，以及他的坚忍不拔，没有一天不在为革命奋斗。（但是托洛斯基本人则知道这个道理而不能实践——他对苏维埃的革命问题，比较斯大林，可说忍耐和活动都不够。）第二小时从总裁的重视民意，服从民意，归结到一个古训："民之所好好之，民之所恶恶之，此之谓民之父母。"总裁对一般国民，确在本着做父母的赤忱，与他们同好恶，为他们谋利益。但是我又接着指出：一个负责任的领袖，仅能重视或服从民意还不够，他更要能领导民意。领袖必须有"父母"之心，而父母必须兼师保之事。假使不能领导民意而只会追随民意，则在父母对子女的关系上说是"溺爱",而在领袖对国家民族的责任上,有时会表现为误国殃民。我举了好多事实,说明总裁是能服从民意而不为民意所束缚,领导民意而不与民意相刺谬。

路过走廊,看见第一中队(大学生队)的壁报上登着《敬致王芸生先生》一篇长文,对王先生在本刊五四特辑中所写一文——《为青年忧为国家惧》——提出"抗议"。我因这桩公案多少与我有些关系,一口气把他看完。适巧陈雪屏先生跑来,于是我们便谈联大的学生情形,他说联大学生会要我去演讲,他已替两位代表写了一封介绍信来找我。话未说了,那两位代表——刘燕生同学和邹文靖同学——已远远跑来,当面要我决定时间和题目。我答应排定时间就通知他们。

下午四点由家麟先生陪我到省训团演讲。讲题是"从陪都带来的几个好消息"。

夏令营定在下午七点举行座谈会,事先约家麟先生和我同任指导员,并要我们在六点钟左右到营吃便饭,顺便交换座谈指导的方针。省训团讲毕时间尚早,乃到陇体要先生家小坐。

座谈分三组举行,我参加那组的题目是"战后问题"。同组的指导员有西南联大教授崔书琴、雷海宗、陈雪屏和叶青、杨家麟先生等。学生发言极踊跃,女同学在开始时噤若寒蝉,后来也争先发言。可惜两小时的预定时间过得太快了,好多人没有机会发表意见。座谈题原分五个小题,每题讨论后,即由指导员做结论。我因题中谈的都是推测之辞,究竟将来实情怎样,这时殊难预言,所以根本不感兴趣,因而主席虽一再叫我发言,我终于一言不发。但我得承认:我虽无话可说,但其余的指导员却都说了一大套,而且都说得娓娓可听,崔先生的外交辞令,尤堪钦佩。

七、在大观楼侈谈国家大事

十二日清晨六点起身,杨太太知道我早晨有课,很早就给我预备了早餐。赶到夏令营,尚未到上课时间。那天又是连讲两小时。

退到教官休息室,康兆民先生来约我到大观楼去散步。大观楼是昆明最好的风景区,它是滇池的起点,山色水光,相映成趣,鸟语花香,令人忘忧。可是那天我们无暇欣赏风景,也没有谈什么风花雪月,我们尽谈着很严重的国家大事。谈话的动机是青年的烦闷,从青年的烦闷,谈到青年团和教育部的责任。我们都觉得团和教育当局应有更好的联系。同时,政治和社会的情形也有大胆改革的必要。我们都痛恨官僚主义的作风,痛惜政令尚未能完全贯彻。团的情形,我们谈得更多,我们的见解大半相同。我们从十点钟直到十二点钟,就在大观楼一家小饭店吃饭。对于康先生的观察,我很钦佩,对于他的稳健,我很诧异。

下午三点半,贺自昭先生来谈重庆的情形。贺先生已向西南联大请假半年,一星期内即将动身到中央政校去讲学,所以对重庆的各种情形颇感关切。崔书琴先生也在座，他笑着讲了一个故事，大意是说某甲要到重庆去，他的昆明友人某乙托他带两罐咖啡送给重庆的亲戚。某甲把两罐咖啡在昆明卖了，到重庆买了两罐代为送去。这样，某甲不独省了携带之劳，而且赚了一百七八十元。原来昆明每罐价二百五十元，而重庆仅一百五十元。贺先生很钦佩某甲"生财有道"，他笑着希望也有朋友来托他带咖啡。

下午六点半，到省党部委员陈秀山先生家中去吃晚饭。由杨家麟、赵公望和秀山先生三人联合作东。到者除我们夏令营五人外，全是昆明党政负责人，坐了满满的两桌，谈笑甚欢。一位朋友因而笑着说："这五年来多少人妻离子散，无家可归，然而'年年难过年年过，处处无家处处家'。"言下颇觉得意。

查勉仲先生预约九点钟到我寓所来闲谈，但我迟到十点才回寓，查先生已在崔先生家中等了一小时，我向他连声道歉。那晚谈的都是西南联大的情形。他先问我的观感，我自觉情况尚不够明白，观察尚不够深刻，愿在离昆前一两天再谈一次，届时或已知道的多一些。接着我提出若干疑问，请他指教，他都答得很诚恳。我们直谈到十一点钟才分手。

八、在朝菜与在野菜

十三日晨，赴夏令营找叶青先生问搜买旧书的经过，因我也想买些旧书带回重庆。承告好书不多，价格很高。

顺路到翠湖公园省立图书馆去看书，但我所要的几本书，都不知去向，不胜怅惘。

下午亲访各旧书铺，买了几本法律书，每本都在五十元以上。我原想搜购一部会文堂出版的《六法释例汇编》，但遍询不得。

万湘徵先生约我在共和春吃夜饭，因时间尚早，顺道到陈君毅先生处闲谈。陈先生说他有洋囡囡玩具一个和商务版的《法律大辞书》一册，因他即将离昆，所以把那两件都送往拍卖行标卖，前者定价五百元，三四天就卖掉，后者定价二百五十元，多日未能脱手。陈先生知道我在搜集法律参考书，他愿取回送给我。陈先生现虽弃学就商，但仍有看书的习惯，对于昆明友人束书不看，斯文扫地的情形，言下不胜感慨。我告诉他永安拍卖行的一个故事。据友人吴君说，永安橱窗中陈列着那个大洋囡囡，标价五千元，有人愿出三千元，但物主还不肯卖。我有点不信，亲自跑去一看，果然标价五千。另有一个木刻铁拐李，标价三千七百元。据永安友人说，那两宗标价并不昂贵，不久包会有人去买。

共和春是昆明最大的一家滇菜馆，菜的确很好。问价是每席八百五十元。在座十九是商人，昆明商会主席也在内。想不到万先生也成为半个商人了。大约在这"冒险家的乐园"中，不做生意是等于"身入宝山空手回"，而以乐园中物价之高，应酬之多，不做生意也维持不下。所以曾有一时西南联大的学生也有合伙去做生意的。

十四日上午，请方国定先生陪到云南大学图书馆去找某项参考材料，因为主任不在，不得其门而入。顺道访关雨东将军辞行，不遇，留一名片请关太太转交，聊代面辞。

在共和春吃饭时，吴国桢先生说在共和春吃的还不是道地的云南菜。他说，共和春是"在朝派"，已经染上"京苏大菜"的风味，昆明另有几家"在野派"的小菜馆，可以尝到真正的滇味。他约我十四日正午同去一试。所以离开关公馆，便到吴先生那里会同三位上海朋友同到"在野派"的兴宝园。吴先生要了几样名菜——火腿、炒鸡棕、菠菜豆腐汤、扣肉——我们五人吃了一个大饱，仅花主人八十余元。其中菠菜豆腐汤特别有滋味，我们一连吃了两份。照我的经验，云南菜与四川菜很难区别，而且据说最好的云南菜还是四川厨子在烹调。"信不信由你。"

晚饭由叶家兴先生招待，地点是在商务酒店，座中全是上海人，不必说，除罗京周先生一二人外，多半是"乐园"的"冒险家"。

九、拉稿的辞令

十五日上午，西南联大学生邹文靖刘燕生二同学，代表联大学生会来接洽十七日的演讲事宜。邹刘二君很老成，很诚恳，所以我们谈得很畅快。我提出了好多问题——包括联大的学风，教授的生活，学生会的现状，青年团在学生中的信仰，青年团与学校当局的关系。从他们二人的答覆，知道联大学生虽曾有一部份人合资跑仰光做生意，赚了钱，坐着新汽车来上课，以骄其同学，然大部份学生都安贫乐道；教授的生活很苦，十分之九都改穿蓝布长衫，但对学生的课业都相当负责；在学生会和青年团的生活中，工学院学生比文法学院学生更积极，更感兴趣，这是一个反常的现象，然在多数学校中都有这种趋势；青年团在陈雪屏教授领导之下，与学校当局相处极融洽，团部绝不干涉学校行政。

贺自昭杨家麟和我三人，定在下午七点假座南丰餐室请联大云大一部份教授吃夜饭。客人到的有联大教授冯友兰、雷海宗、伍启元、王赣愚、吴之椿、邵慕甫、黄子坚、陈雪屏、杨今甫、罗莘田、崔书琴、杨西孟、查勉仲、郑天挺和云大教授伍纯武、鲁继参诸先生。两校教授多半住在乡间，平日不常进城，所以另有几位如潘光旦、吴泽霖、钱端升先生等因此都不能来。

聚餐的目的，显然在替本刊"拉稿"。我们不必讳言，所以自昭先生在开场白中就老老实实把它说出来，并要我报告本刊的现状和发展的计划。我说："除了拉稿之外，实在另有一个目的。原来我在到昆明后，就当分头登门拜访，但因初到事忙，不能如愿，现在利用吃饭的机会向诸位作集团的拜访，作集体的晤谈，虽觉不够恭敬，究竟聊胜于无。所以我个人觉得今晚这个机会对我实在有好多好处。我得谢谢贺杨二先生助成这个机会，同时更得谢谢诸位先生的光临。"于是我报告本刊现有的销数和明年度的发行计划——我说："现有销数很快可到每期五万份，明年度的目标是每期十一万份。"我当作一个笑话说："假使能得全国人士的合作，战后不难销到每期二三百万份。这个从来没有一个办刊物的人梦想过的发行数字，实在容易实现，只要我们看一看英美苏各国著名刊物的销数，而中国已是四大强国之一，今后不是事事落伍了。"教授们为之莞尔。冯友兰先生等即席答应一定为本刊写文章。

饭后我们还谈了许多时事问题，直到九点半钟才散席。

选自《中央周刊》一九四二年九月十日、十七日、二十四日、十月八日、十五日、十一月十二日、十九日第五卷第五、六、七、九、十、十四、十五期

// 国立西南联大记

张春风

为了地理环境的关系,沿海一带学生,多是喜欢投入西南联大的怀抱;更因为她师资之佳,设备与管理的完善,也是吸引青年学生的几个主要原因。为此,在介绍各大学概况的本编中,特别要费一点笔墨,对西南联大的概况,有一个清楚详明的介绍。

(一)一般概况

国立西南联大是紧随了中华民族对外抗战而产生的一个学校。自从民国二十六年七七事起之后,不久平津相继沦陷,华北所有的高等教育机关,都被迫南下,投到祖国自由的内地去。在许多南迁的大学中,最值得注意的是北京大学、清华大学和南开大学。这三个大学,都是中国北方部最优秀的大学。

由于她们水准的近似，和平日成绩的良好，于是教育部便把她们并合起来，先在长沙成立长沙临时大学。到了民国二十七年二月，又随了抗战形势，南迁到云南，该年四月教育部又改名为国立西南联合大学。正式的国立西南联合大学，至此才告完全产生。

联大最初迁入云南。因校址采择的困难，房舍不敷应用，于是将文法院设蒙自，理工院分别在昆明、城外设立，这样分立的情形，一直维持到秋间，因蒙自的校舍发生问题，才一并都迁到昆明。二十七年十二月一日正式开学，十二正式开课，这便是联大的由产生至生成的沿革史。

联大原有文、理、法、工四个学院，由二十七年又增设了师范学院，所以至今联大一共有五个学院，教授约有数百，学生二千多。主持校务的由蒋梦麟、张伯苓、梅贻琦三人组成常务委员会。总务长郑天挺、教务长樊际昌负责总务教务事宜。

联大的长处是她集中了清华、北京和南开三个大学的精神，在校风方面混合了三个学校的特点，在教学方面保持着三校的固有传统方式，即如清华、南开的教学严谨精神，再加上北京传统的自由研究精神，以致这个大学，完全成了一个最理想而姿态超全的修藏佳所。再详论到师资人才方面，联大的文学院是全国大小文学院中最出色的一个，她拥有北京大学的文学院的特点，再加上少壮姿态，富于新而满有朝气的清华文学院的优点，于是她真可以独步中华，雄视一切。例如文学院的国文学系的教授，都是中国文坛上有数的名作家，有数的语言学家或音韵学家，或金文学者。再如哲学系，无论是讲佛学，或现代哲学，都是中国第一流的学者，其他如史学，更是人材荟萃，全国中凡有声望的学者莫不罗致。

另外如法商学院，她的任何一系，在全国各大学中比较起来，都是首屈一指的。再有她的法学教授，都是全国学界的权威。她的经济系更是有了南开大学应用经济的特点，自成一个经济论，这一系，可以说是中国大西南一角的经济建设的母亲。

联大的工学院的前身就是清华大学的工学院。清华大学工学院设备之完善，师资之优良，教授与训练之严格，早已为有志于学习工程的青年所向往。

至于理学院，她的物理、算学两系，在国内是无出其右的，执教者都是国内最优秀的专家。再有化学、生物及地质、地理、气象学等系，也因是集拢了三大学的精英，而更见出色。

成立未久的师范学院，因历史较浅，没有甚么成绩表现，但她的管理之认真，师资之佳良，已经决定了她无限的前程，在西南教育史上，无疑的她将发生伟大的指导作用。

（二）各院系分论

文学院——院长冯友兰，下设中国文学，外国语文，历史社会，哲学心理四系。

中国文学系　在联大读第一年级的新生，是不分系，分系的时期是在第二年。当入了二年级时候，要在这"声韵学概要"、"文字学概要"，和"文学史概要"三门主要科目中加力习读，以致到了第三年，才可以随了各人的志趣或加入文字语言组，或文学组。语音文字组的名教授有驰名中外的比较语音学专家罗常培（本系主任），有金文、甲骨文研究专家唐兰，再有擅长声韵与文字学的魏建功，有以严谨词汇著名的王了一。文学组的主要教授有朱自清，闻一多，沈从文，刘文典，杨振声诸人，都是国内数一数二的作家或博学者。例如朱自清的《背影》是一般中学生们最熟习不忘的一本名作；闻一多的诗，虽然近来早已停了笔，可是他的毛诗和楚辞的研究又达到了另一种峰顶。

外国语文系　本系主任是叶公超，教授有陈福田，柳无忌，吴宓，莫泮芹，钱锺书等，各具特长。关于语言科目包括英、德、日、俄、法五种，都由专家学者担任，图书丰富，特备有系图书室，参阅便利，设备是最完备的。

历史社会系　联大的历史系最特色，第一既有了北京大学的国史整理精神，又有清华大学史学研究的特长，更融会了南开的西洋史研究的美点，三种姿态，作成了联大的历史系的超特的地位。清华的名教授雷海宗，刘崇鋐，和研究日本史的王信忠，研究中国外交史和蒙史的邵循正。北大的有研究明清史的郑天挺，毛子水，钱穆，姚从吾等。南开的李景汉，和人口劳工问题的权威陈达，并优生学的名学者潘光旦，讲授社会学原理与华侨问题的陈序经等。这一系的教授阵线是相当硬实的。

哲学心理系　这一系的主任是汤用彤，这系共分两组，一是哲学组，二是心理组。在哲学组里教授逻辑学的有金岳霖，沈有鼎，关于中国哲学史的有冯友兰，关于印度哲学有汤用彤等名教授。在心理组的有周先庚，和社会心理学家樊际昌，并教授教育心理学的陈雪屏诸人。

理学院——院长吴有训，下设算学系，物理学，化学，生物学，地质地理气象学五系。

算学系　理学院的功课多有些刻板式，这一系就是一个代表，新生入学第一年的初等微积分全年成绩如果不满七十五分，就没有入本系的希望。入了这一系，平时的成绩最着重，凡平时的习题，一定要交，每学期小考两次，大考一次。考的标准是理论与实际并重。这一系的主任是杨武之，名教授有发明了数论而惊动了剑桥大学的数学天才华罗庚，并教微分方程的赵访熊，和高等代数的杨武之等人。

物理学系　本系主任是饶毓泰，本系名教授有吴有训，他本是清华大学的理学院长兼系主任。教热学的叶企孙，也曾任过清华理学院长兼系主任，余如周培源任之恭等，也都是国内闻名的物理家。因为联大第一年功课不分系，所以想入物理系的，必须将第一年的主要课程普通物理学读好，成绩须达七十分，才有入物理系的希望。本系课程试验很勤，每学期有三次月考，一次期考，如果想考试及格，必须将所有的计算习题，都做过，读死书是没有希望的。

化学系　联大的化学系在物质条件不够标准的限制下，依然能照常试验，这是一件难能的事。本系主任是杨石先，其他的名教授有曾昭抡，邱宗岳，黄子卿，高崇熙等，都是国内的名教授。对于功课最称严格，普通两周至少有一次试验，月考不折不扣，总是免不了的。关于实验方面，更不因条件不够而有所马虎，反而更极为认真，试验做得不好，必须重做。仪器及实验药品，大部是清华由北平迁出来的，一部是在沪港及欧美采购的，确是很不易。对于学生参考书方面，一般重要的图书尚称足用，有本系的图书室。

生物学系　联大的生物学系，并没有因战争或几次大学迁移而影响到授课与试验。该系重要课程有普通生物学，植物形体学，无脊椎动物学，比较解剖学，植物分类学，植物生理学，及普通植物学，普通动物学等。系主任是李继侗，名教授有生物学权威陈桢，张景钺，沈同，吴蕴珍等人。关于试验方面，因为设备充足，材料丰富，工作都能顺利进行。为造就专门人材起见，该系分为动物，植物，生理及生物四组，任人自选。

地质地理气象学系　联大的地质地理气象学系是并合了清华北大两校的地质系而成，都是已故的地学专家丁文江的一手造成。现在的系主任是孙云铸，他本是北大教授，是国内古生物学的泰斗。本系为选读便利和学生志趣的不同共分三组，一是地质组，教务由孙云铸负责；二是地理组，由张印堂负责；三是气象组，由李宪之负责。关于教学及研究上之一切参考图籍用品，尚称够用。目前重要参考书原版书及翻印书共三四百种，杂志数十份，矿物岩石、化石标本约四千余件，图籍约百余幅。其他如岩石显微镜，测量仪器，吹管分析用具，指南针等，为数足以应付普通实习测量工作。本系名教授有冯景兰，袁复礼、张印堂，赵九章，王嘉荫，王恒升等，都是人所共晓的学者。

法商学院——院长陈序经，下设政治学，经济学，法律学，商学等四系。

政治系　系主任是张奚若，其他著名教授有对政治思想有高深研究的学者张佛泉，有政治制度的权威学者钱端升，教西洋政治思想史的张奚若，再有教国际法的名学者崔书琴等。本系功课大约可分为政治制度，政治思想，并国际关系三大部份，凡对其中某一项有兴趣爱好的，就可常与各有关科目的教授多接触就可以多得进益。

经济学系　本系主任是陈岱孙。关于本系功课大概，有经济学，财政学，货币银行，会计等科，每科都有高初级之分，初级是必修的，高级是选修的，第一年新生的功课，除了一门经济学原理之外是和其他各系的功课很近似，到了第二年后，才有经济系的独特科目。关于本系教授，都是国内知名的学者，就如教授货币银行的周作仁，经济思想史并经济理论的赵迺抟，教财政学和经济原理的陈岱孙，教国外贸易的李卓敏等都是极红的学者。关于经济学科中可分出两条门路，一是经济理论，一是关于技能的，就是会计，统计等科。在联大的经济系，实能造就出既认识理论，又善于应用的兼才，这是联大经济系的特色。

法律系 在联大未产前，清华和南开都没有这一系的，只有北京大学早就设了这一系，所以现在可以说联大承袭了北大的遗产，成为共有的了。系主任是燕树棠，本系课程是本着司法部的大学法科课程标准而定的，一年级不分系，尚须修普通科目，到第二年之后才有本系专读的功课。著名教授有赵凤岐，戴修瓒，罗文幹等。

商学系 本系课程及概况与经济系大致相同，不详述。

工学院——院长施嘉炀，下设土木工程，机械工程，电机工程，航空工程，化学工程等五系。

土木工程系 联大的工学院，在国内各大学中，是首屈一指的。在此，对联大的工学院再务必求详的介绍一下。联大的土木工程系课程方面是相当的广泛，又为了适应抗战建国的需要，又增设了许多专门军事工程的学科，例如野战堡垒，军事运输，要塞建筑，飞机场设计，军用结构等，这是其他大学少见的特点。为使学生于博通各有关学科之外，更使学生养成专长技能起见，在本科第四年级就分四个组，由学生随意选入。四组是：铁道及道路工程，结构工程，水利工程，卫生工程。学生除按照其志趣选一组为主修外，还可多选其他各组的功课做为副修。凡要入本系的只要在第一年级时，修好物理，和微积分两科就可以自由入系。在第二年级时候，要注意"静动力学"和"材料力学"或"测量学"。到了三年级就须用心读"结构学",否则很有留级重读的可能,这叫做"五年计划"。关于设备方面,大部分的仪器是由清华搬来的,加以从欧美添置的机器,在试验实习上,可说是够用了。在卫生工程实验方面,也有很好的设备,足供学生实习之用。关于水力实验除了在昆明纺纱厂内修了一个临时实验处外,新的完美的实验室,也将完成了。其他如结构仪器,铁路标志样品及测量仪器尤为齐全。关于教授方面,有博通土木、机械电机的学者施嘉炀,和学识丰富的张豫才,王裕光,李谟炽,王明之等。

机械工程系　关于本系课程方面,第一年是和工学院的其他各系是相同的,不过到了第二年才有了不同,那就是非特别用心读微分方程,静动力学,材料力学,热力学和机械学不可。另外还有机械画,尤须慎重将事。三年级的主要科是机械设计,内燃机,热力工程,和原动力厂等科,尤须努力。到四年级功课分为两组,就是原动力组和制造组。另有汽车工程组,也将添设了。在设备方面在全国工学院中,可称是最完备的。系中设有实习工厂一所,厂内分金、木、锻、铸四工厂,可以翻沙、冶铁、制造机件,并有大小车床十余部,钻铇床各两部,剪洗床各一部。还有蒸汽机,汽锅轮,汽油机,发电机,电焊机,造冰机等数十部。已装置完竣的新锅炉,可以动力自给,发展的计划正在进行中。著名教授有系主任李辑祥,机械学的老教授刘仙洲,热力学教授孟广喆,和殷文友,李宗海等,都是极富经验的学者。

电机工程系　本系课程第一年级和其他工院各系相差不

多,二年级时候只多了一门电工原理,这是颇为重要的一科。到三年级时候,就要分为电讯和电力二组。这也是随了学生的志趣自由选入的。这一系也是前清华大学电机系的化身,所以在实验方面,仪器还是很丰富够用。关于教授也都是国内知名学者。

航空工程系　这系本是清华机械系的航空组,在廿七年才成立独分为一系,主任是冯桂连,教授方面人才可说是很整齐,都是由国内外饱学回来的学者,如殷文友,赵九章,吕凤章,周惠久,李登科等。在设备上因地近航空学校借重不少,昆明号飞机整个被抬来做实验观摩之用。另外各式的发动机都有,还有为试验用的三尺的风洞一个。更是借重清华航空研究所的丰富图书杂志,足供研究参考之用。所里也有一个五尺的风洞。关于课程方面,第一二年级和机械系完全一样,惟到第三年级就不同了。比较重要的课程有飞机结构学,流体力学,内燃机,机械设计等。三年级的暑期,还有两个月的实习。第四年级除了以上的功课外,再任选其他各系的一两门功课,功课是相当吃力的。

化学工程系　这一系的功课方面除了第一二年级和其他工学院各级相同外,第三四年独特的主要课程有化工机械,工业化学,工业分析,化学工程原理,汽车燃料机与滑机油,化工设计,酿造化学,及酿造化学实习等科目。教授有高崇熙,苏国桢,谢明山,潘尚贞等,设备也颇充实。

师范学院——院长黄钰生,下设教育,公民训育,国文,史地，英语，算学，理化等七科。

师范学院是为了适应环境与时代的需要，乃在廿七年十一月成立的，因为是新创，所以许多地方尚待发展。七系的主任分别列下：

教育系：陈雪屏

公民训育系：田培林

国文系：罗常培

史地系：雷海宗

英语系：叶公超

算学系：杨武之

理化系：杨石先

各系的基本必须课程，大多是同于联大各院学生的必须科，所以不另立班次，并且师范学院的各系主任又都是由各院的系主任兼任的。这个学院的特色就是本院学生，必须在校内寄宿，好施以严格的合理的训练。更因为是负了教育部指定训练全国中学师资的重任，这个学院确是极有前途的。除了院长之外，还设有主任导师查良钊，共同负责计划进行。

（三）最近消息

前南宁陷落，敌机几次飞滇肆虐，昆明各学校，曾恐惶一时。联大曾几度计划搬迁，最后又因日人在南宁的退守，昆明情势，才得松缓，联大也没有搬成。可是联大在去年

（二十九年度）所录取的一年级新生，却不在昆明上课，而在四川的叙永县上课。由杨振声任分校主任，管理该部分。其余的其他年级，仍在昆明。

选自《国立各院校投考手册》，张春凤编著，学灯出版社一九四一年三月十五日出版。该书编者之弟张秉文，系联大地质地理气象系转学生。作者称，此书编成，秉文在西南联大"费了许多心力"

// 联大文法学院近况

丁则良

过惯清华生活的人，很不容易想像出联大的真实情形。

其实要拿联大文法学院当作一个单位，来记述它的发展，就是一个不了解联大的实例。因为联大是既"联"且"大"，学院只不过是一个行政上的单位，没有多少特出的地方。且目下思想力求统一，学术日趋普遍，就拿联大的文法学院来和其他学校的文法学院相比，也早已失去当年北方几个大学隐然领导国人的思想、学问、风气的地位。

不过来说，现在也有几个特色是从前清华人所想像不到的。如师生都感到生活的艰难，图书设备的简陋，理想的逐渐"减缩"和学生程度的日渐低落。

走到新校舍一看，不过是上课，下课，吃饭，看书等等一些最平常的现象，而且比起理工学院，想也没有什么太大的不同。

我们级友在联大服务的不少,升得快的已是教授讲师,慢的还只是教员助教。大家在穷困中都还用功,这是一个令人振奋的事实。此外再也没有什么可向诸位报告了。

选自《九级信箱》一九四二年第三期

// 联大工学院近况

联大同学比以前增加许多，全校同学约三千余人，女同学约三百余人。同学在各方面均甚活跃，校内各形各色的壁报，各种系会，同乡会，同学会及学术会等使同学们密切的联络。此外则有各种球类比赛，多半在别人前头。叙永分校今年已结束，二年级的弟妹们给予老大的兄妹不少的兴奋！

今年暑假敌机轰炸大西门，摧毁文化机关，结果师范学院大部被炸毁，新校舍损失亦大。但校方秉不屈不挠的精神将被炸毁的校舍，重加修复，十月六日照常上课。

土木系的老师们，两年来更动甚大，二十九年蔡方荫先生赴江西就任中正大学工学院院长，覃修典先生赴四川长寿龙溪河水电厂，今年改赴腾冲水电厂。张有龄先生今年赴湖南任中国农民银行专员，后以长沙会战关系留在四川。陈永龄先生仍在重庆地理研究所。现系主任为陶葆楷先生，结构学由王龙甫先生担任，下年度新聘李庆海先生任测量学教授，夏宸寰先生任水力工程教授（编者按，间仍留美国），衣复得先生今年暑假后往成都在中国农民银行任职（编者按，已来贵阳），朱宝复、梁治明两位老大哥今年十月已先后出国。助教有杨式德、陈善庄、陈致忠、何广慈，新聘者有石光昌、王宝基、陈其亨、谢旭华皆为今年联大毕业生。

工学院中有"工院壁报"、"引擎"、"铁马"、"建筑学会"，五光十色，大可欣赏，诸教授亦时投稿件发表。

最后母校或于明春招考第七届留美公费生名额甚多，工学院约占十名，土木系二名，即造舰工程与道路工程。道路工程系李谟炽先生力争得来，李先生很希望这名额为清华人考取云。（编者按，七届公费生已停止考试矣）。

原载《堠刊》一九四一年十一月，选自《九级信箱》一九四二年第三期

// 西南联大

冠　翰

同学某君，现在西南联大。兹把他的来信整理一下，贡献给将入联大的前进青年们！

……我初到这里（昆明），住在校外。房租虽廉，但膳费却大。我吃不惯云南人的腥辣菜味，便在外江饭馆包吃，按月二十五元，也只是一菜一汤一饭而已。下学期我决定搬进学校里了，一则不收宿费，而膳费也只有十块钱一月呢。

在这里读书，真是开心。嘴巴不必装哑，举动完全自由。没有市尘浊气，却是到处风景怡人。学宿费分文不取，而且每月津贴八元。各地青年会对于清寒的学生，还有救助办法。

总而言之，在这里读书，可以不花费父母一点血汗钱，多么光荣自慰呀！且教授们都是第一流人材，所以没有一个同学感到不满意的。

这里的洋货很贵，因此多数改用国货来替代。如果没有替代品，我们索性就不用。譬如双线袜每双价七角，穿不起的人太多了，结果便无形中推行着"不穿袜运动"。男女同学赤露着脚膀儿，反觉得美丽，自然。脚之外，头也是这样，为了理发费、头油、肥皂……等的价钱大，大家就好像"长毛贼"。其实功课也太忙，谁愿意出了钱静坐着糟蹋读书的时间呢？

　　这里的功课很认真。我选读的心理和史地等都是用外国原版书。成绩的考查，注重读书报告。每种学程每学期至少有报告三种，少交一种便算不及格。报告的内容，重心得而不是抄书。至于考试成绩，只占全部成绩之一小部分罢了。

　　空闲时候，有时我也到外面走走。总觉得这里的人，性情都很好，不过守旧一点。像端阳节那天，街上就显得特别热闹，男男女女，打扮得花枝招展，红红绿绿，炫人耳目。香袋儿挂在衣衿上，大摇大摆地招摇过市，倒是另有一番风味。

　　末了，我祝你们能够到这里来，不要留在孤岛做阿Q啊！

　　　　　　　　　　　　选自《新闻报》一九三九年八月二十三日

// 西南联大剪影

白　云

国立西南联合大学,是由北大,清华,南开三大学合并而成。这三个大学,在国内,是颇负时誉的。他们不但各有其光荣的校史,也各有其特殊的风格。设备好,教授好,学生的求学精神也好,他们是在不断的努力中迈进。

北大自民国以来,好多次的反帝,反军阀及文化运动,他都有过惊人的贡献。北大藏书之多,全国各大学无出其右,连国立北平图书馆,也不及他,所以北大培植出来的专门学者比任何大学为多,一大半是造因于此。

清华,是以环境的幽美著称,无论春夏秋冬,都有使人陶醉的景色可以领略。但清华的所以成名,却并不在校舍的堂皇富丽,校景的四季皆春。因为他有设备完善的图书馆,试验室,及学识丰富的教授们。全校师生,大家都在埋头的干,才造成清华崇高的地位。

南开，是天津唯一的大学，整个的天津，是丑恶的，喧嚣的，污浊的，只有处于八里台的南开，却非常清静。他们的校舍，因为临近海光寺的日兵营及日机场，目击的不平事，意外的多，所以南大师生的民族感，特殊敏锐。在各种救国运动中，他总是一支有力的铁军，于是便也成为了人家的眼中钉。而在前年"七·二九"，南大便成为我国首先遭受轰炸的文化机关，秀山堂，图书馆，思源堂，芝琴楼及各学院宿舍，尽成灰烬。南大的张校长说："被毁者南开之物质，所不能被毁者，南开之精神。南开精神是开辟的，创造的，能创造才不怕被破坏。"

自从全面抗战的局面展开后，北大，清华，南开，相率从沦陷的平津，南迁长沙。这所三校联合办理的"长沙临时大学"，在前年的十月十八日开学，十一月一日正式上课。这时借用的韭菜园圣经学校和四十九标两处房屋，暂时上课。隔不多时，岳麓山下清华大学新盖的校舍，快要落成，大家抱着趁炮火还刚逼近首都，安心在这儿多做一些学术工作罢。接着，困居在北方的一部分教授，也陆续南来，设备简陋的仪器和图书，也在想法征集或添购，努力克服当时的困难，以工作久远之计。后来，首都沦陷，长沙不断的遭受轰炸，终于决定西迁。于是，有一部分学生，留在长沙做救亡工作，一部分在湖南大学借读，决定随校西迁的，约有七八百人。新校的地址，是云南的昆明。当时入滇的学生，分海陆两路：海行于去年二月廿五日离开长沙，乘粤汉车至广州，借宿于岭南大学，至三月下旬，才搭轮至香港，接着海防转道到昆明。陆行组织了湘黔滇旅行团，在二月十八日从长沙出发，先坐船到常德，然后以行军的方式，长征入滇。从那时起，"长沙临时大学"完全解体，而改名为"国立西南联合大学"了。

起初的西南联大，分二部分，一部在蒙自，一部在昆明。在蒙自的有文法学院，在昆明的有理工学院。在蒙自方面的校舍，是从歌胪士洋行和海关（因蒙自海关已搬至昆明）方面租来的。海关的隔壁是法国领事馆，也有花园，厅堂，厢房等，经接洽后，法政府不允"租"，却答应"借"，不过用途限于公共宴会，不能作教室及宿舍。后来，连法国医院也允借做可容五百人住的宿舍，海关北面一座滇越铁路方面筑就的破楼，也计划想改为"文科图书馆"。学校在南湖之滨，环境尚称优美。"南湖夜月"，我蒙自十二景之一，联大在那里攻读的学生，共有三四百，生活是异常简朴的。在昆明方面的校舍，理学院是借大西门外的农业学校，工学院是借全蜀会馆和迤西会馆，总办公处在崇仁街上。新校址虽已选定城外的浙江公墓附近的梳妆台（是陈圆圆的古迹），但昆明一时买不到许多木材和竹头，所以建筑很艰难。至去年夏天，因某种关系，蒙自的文法学院，已经迁让，现在已归并在昆明一处了。所以整个的联大，散布在昆明城内外，假使集合拢来，整整有半个昆明城。

西南联大的经费，除由中英庚款会补助开办费五十万元外，平时系由三校原来经费中各出十分之四：北大每月原用八万,现出三万二千;清华原用十万,现出四万;南开原用二万,现出八千。所以外间所传的西南联大是清华出钱,南开出力,北大坐享其成,是一种讹传,并非事实。

关于联大学生的生活,也值得一说:他们现在学生中的成分,虽已参加了几十个学校单位,但实际上,仍保持着三校原有的特点。

衣的方面,穿制服的占大多数,笔挺的西装,难得看见。女生中,虽也有穿着漂亮的旗袍,但比了"海派"的女大学生,她们的衣着,无论颜色、质料,和式样,又至少落后了三、五年。

食的方面,最普通的,是膳食自理,二饭一粥。每月简省些,大概六、七元够了。但钱多的学生,有的包于教授吃的厨房,有的包于学校附近的菜馆。有时,课余闲暇,还到"友谊餐食"去喝咖啡等,享受是相当的满足。但有些从战区流亡出来的青年,因家庭的接济断绝,有时青黄不接时,大有"断粮"之虞,用同学的残羹冷饭来塞饱肚子去上课堂的,也是很多。

住的方面,联大的宿舍,借的是省立工校、师范学校及昆华中学的教室,用着叠铺,谈不到舒适,因连一只放书的小桌子都没有。

行的方面,只有靠两条腿,坐车是谈不到的。有的从宿舍至教室,要跑二里多路,每天这样的往返着。天雨时,泥泞路滑,一不当心,就有翻筋斗的危险。

课外活动方面,组织有不少社团,像教育学会,话剧团等。每个社团,都拥有多量的学生。图书馆的容积,虽是很大,但川流不息的坐满着学生,在埋头作学术上的研究工作。即其他各种爱国工作,联大学生,也从不肯后人的。

我们希望这个以严肃而奋发姿态出现于昆明的西南联大,而在此艰苦的抗战期间,担负起学术研究及文化发扬的重任来。我们更希望联大的学生,能发扬光大过去三校的校誉,大家用一种崭新的作风,来"爱国"和"做人"!

选自《社会日报》一九三九年五月十四日

// 西南联大学生生活

抢座位·抢借书

白　水

　　昨天接到一个青年的来信,他是四川叙永西南联合大学的学生。他本来在上海某中学读书,因过不惯上海的乌烟瘴气生活,终于去年夏季随着一大批青年,不避艰险的到内地去了。他虽在极度繁忙中,犹时时把内地情形,不嫌求详的告诉留在上海的同学。他昨天又有一封寄给他三哥的信,我们看了,觉得内地学生求学的辛勤,远非我们上海学生所能意想。新中国是在这样的情况中滋长着,抗战的胜利,为期的确不远了。现在我把这封信抄录于后。

　　"首先,报告校中的情形。

　　在阴历元旦,校里也放假一天,名义是春节。叙永的各团体各机关及士绅们,拼起来送全校肉五百斤、黄酒四坛,说是尽地主之谊。当然的，我们是大嚼了数顿，一连两天，每顿都有整块的肉，膳堂内也充满了笑声。那天晚上，并在南华宫（即从前民众大戏院，现在改为联大宿舍）举行联欢会，并有几幕表演，很热闹。

校里的膳费，本来每月三十三元，价钱高得虽惊人，吃得却很苦。十四元一月的贷金（可说国家对学生的救济金）是难能维持的，于是学校协助了同学，一致向教部请求津贴，近已如愿。即除每月领得贷金十四元外，并加米贴十四元、菜贴十四元，以后我们的吃饭问题，可以解决了。这是值得欣幸的一点。

学生的读书风气，是浓极了。在上海过了一个时候的乌烟瘴气的学校生活的我，简直有些望尘莫及。所好我本来的功课，还不怎样蹩脚，所以还能过得去。联大是战前的清华、北大、南开三校联合起来的，从北平到长沙，再从长沙到昆明，现在一部分又从昆明到四川，也可说是长途跋涉了。考试及升降级极严格，分数要拿到八十分以上，很不容易。现在读人一的，很多是降级的。

校里从不打起身钟及自修钟，但天一亮，学生就争先恐后的起来了。几百人在一块读书，虽无人监读，但确鸦雀无声，埋头努力。当我在上海的时候，是实在没有想到的。

还有抢先的风气也很盛行。例如在教室中要抢前面的座位，在图书馆开放的时候要抢借书（因为书太少，不敷分配），所以图书馆还没有开，门口已挤满了人。课一下，大家都像赛跑似的走，街上的人看了很奇怪，其实不过为了前后课教室改换,要尽先抢个前面的座位,便利听讲而已。这些在战前也许是没有的吧。

现在让我谈谈叙永的情形吧:

新年里的叙永,同上海一样的。店家都停业休息,人们都游手来往。拜年敬神忙得不亦乐乎。尤其是敬神,差不多每个人家都预备了整只的鸡或猪头,杀好了煮熟了,放在盘里,到城隍庙里(已是联大的宿舍及膳堂,但神像道士依旧有的)去对城隍老爷致敬。叙永的迷信——也许是整个的内地,在我看来是十倍于我乡的。但是奇怪的,在佳节中,没有听到爆竹声,大概是禁止之故吧。

叙永天气一点也不寒,竹已长了。不寒的证据,还有那些腥臊的牛肉摊上,已密集着很多的苍蝇。

内地纪律严明,人民安乐,壮丁训练,无处无之,成绩亦很好。民气焕发,瞻仰前途,良深振奋。

来函云:家乡(按:作者家乡是江苏海门)日夜不安,鸡犬不宁,家宅遭劫,我心深痛。但是,这有什么办法呢?只有咬紧牙齿,发奋努力,毒焰终会扑灭的。

一重山,万重山,阻止了我们暂时的团聚,但是长江的水是时时刻刻的东流的。亲爱的哥哥,我愿把胸中讲不完写不尽的心意,随着顺流而入长江,而过三峡,而达黄浦江面,而到哥哥的洗脸的盆中,喝茶的杯中,煮饭的锅中。"

选自《新闻报》一九四一年三月四日

// 抗战中产生的西南联合大学

石 横

一

九一八以后，中倭关系日趋恶化，国家艰苦日渐加重，每人胸中都填满了强烈的激愤！北平的学生挺身立在都特殊的环境里，在凄风苦雨之中，他们的悲愤忧思，恐怕不是一般人所可想见的！七七事变那年，八月二十九日的下午七点钟，同学们听到中倭战争正式展开，宋哲元将军下令当夜攻取丰台的消息。我们一向抑塞于胸中的烦闷，都都一口气的吐出来了，心跳动了，全身都热了；但是大家仍保持着悲壮的沉静，大家的神态在默默中变得严肃而坚定，七年的酸苦，才化成了一点欣慰！那一夜我们很多同学，都坐在北大西斋的门前，微淡的初月，悬在西山上，繁星布满在天际，我们由清风里听远方播来的炮声，直至更深才去入睡，大家在临别时，还互相祝祷明天好消息的到来！谁想到这次夜深的分别，就是我们离散的开始。

国军南撤，大家都没有沮丧和失望！明知道失败为成功之母，光明是在黑暗的那一面。国家的独立，须经长期的缔造，一时的挫败又算什么呢？每人都感到国民义务的责大，乃摒绝了千思百感，拜辞了苍颜白发的父母，决然的相率南下，在车声隆隆中，谁会没有感动！走向南天的路上，两眼不断地回望着北国，热泪在暗里飘洒，这是每个人心头同有的凄凉吧！

由不同的路道，大家前后都到了长沙，尝够了流亡的滋味。同学大部已投身于军伍，余下的人数并不多，教授也很少，草率的筹备后，勉强的上了课；但这地方正是敌机轰炸的目的地，为了避免无味的牺牲，各校才决定再迁昆明，于是北大、清华、南开，三大学合并，成立了西南联合大学。

成立之初，学生不满千人，只设文法理工四院。校舍那是向昆明各中学如昆华中学、高工高职、农校等借用的，地方既狭窄，又是分散于各处，上课下课，须东奔西跑。文法院且曾一度设在蒙自，后来才迁回昆明。图书馆很小，藏书又不多，理工两院的仪器，尤为简陋；但大学是学术研究的府库。政府虽在抗战紧急，艰苦万状之中，仍是苦支力撑，不使大学教育停顿。加以社会各方的襄助，学校当局的挺身经营，西南联大，才由飘摇之中而趋稳定，由幼弱而转丰实。以后经费渐充，乃从香港及上海购来大批图书及各种仪器，设备渐渐完备，新校舍及新图书馆亦于二十八年落成，并增设师范学院，旨在造育师资，以便促进西南教育的发展。现在本校计有文、理、法、工、师范五学院，同学凡三千余人。本年又承英国牛津大学赠与图书千余种，业于本年六月中运抵本校，初则陈列外面公开展览，现已收藏书库之中。三年颠沛，规模草定，又得此新滋养品，西南联大，更是羽毛渐长，在抗战期间负起她艰巨的使命！

二

　　昆明城的西北郊，小小山起伏，山的前面，低低的黑垣墙围成了两个四方形，南北并列起来，很像一个"吕"字，一条公路从中间横压过去，把一个"吕"字切成两个"口"字，邻而不接的隔道相望，这便是西南联大的新校舍了。这块地方，二年前还是一片荒冢，长着蓬蒿野蔓，满目荒芜，后经划为本校校址，乃斩草平土，起造房屋，新的文化根据地才奠基了！在夏季里，道路的两旁，房舍的附近和中间的空地，依然长满了蒿草，虽然高低浅深不同，却仍是欣欣向荣，有蜂翻蝶舞，有绿浪草香。可惜的是树木太少了，只有西南的一角有八九十株苍老的松树和杨树，晨夕足供人来散步，疏落的几朵浅茵淡红的野花，匿迹在茫茫的绿色里，具有隐逸的风味；但是这些异乡跑来的学子，为着国事的忧患，功课的繁忙，已经填满了他们的脑海，那有闲情来访问这野花闲草呢？况且它也未必真个解语!

马路北面的围墙里,是文法学院。从校门进去,一条深长的路,在路将尽的左边,一个宽大不高的建筑物,便是图书馆,内部轩宏,并列着桌椅,可容千余人,屋的四面,装着玻璃窗,听灯从大栅上垂下来,无论白日或夜晚读书,光亮都是十分充足,静肃的空气!充塞于其中。任你怎样意气心狂,一走进图书馆,便立刻使你低心俯首了。图书馆的东边,一列一列的矮屋,盖着绿油的铁瓦,这便是教室。房屋虽低小,却很明朗,不燥不湿,令人畅适,不过现在是暑假,这些教室好像被人捐弃了似的,有些萧条冷落。图书馆的西边,一片茅屋,茅草里已经有了麻雀的家,蜘蛛在檐下也织成了网,屋的两面黑墙上,各开着五个方不满二尺的洞——窗子,中间虽立了几根木柱,却没有糊上纸,这便是学生宿舍。每列五间,互相通连,每间住八人,每列共住四十人,情形很像一个列车。两头是门,两旁密密的排着高过顶的床架,有上下两层,在上层睡觉的须时刻小心,不然便有跌落之虞!睡觉翻身都须文质彬彬,因为床架上下发生联带关系,一人动个不休,他人也势难安睡。宿舍里没有桌凳,因为学校有限的经费,要供扩张图书仪器之用,难以兼顾。这使同学感到最不便,因为书还可拿在手里读,字却不能不在桌上写。后来大家居然想出办法来,各人自备三个汽油木箱,两个重叠起来是桌子,一个便做了凳子,箱内用来放书籍文具,真是一举多得了。以后人人都这样做,直弄得昆明市的汽油木箱,一日三变价,后来竟感到缺货，直到现在还须重价才能买到。

宿舍里的电灯，每间屋一盏，八人公用，读小字皆很觉吃力，这无异是和近视眼的人开玩笑。茶水方面，时感不足，晚饭后正是大家要吃茶温课的时候，而灯水两缺，大家便决定了一条外交路线——走茶馆。每碗茶一角钱，电灯又亮，化费小而收益大，于是附近茶馆的生意便日新月异。

马路南边的围墙内是理学院的园地，有教室，有实验室，阅览室等。每天都有穿白围裙的人在里工作：有的在灯前烧试验管，有的在显微镜下看新世界，还有的露出如获稀世之宝的神情，两手不住地摸弄着乌黑的石头。

东边一带黄墙，开了一个方门，内面几间幽闲的房子，这便是校医室。

工、师两个学院和女生宿舍，因为新校舍容纳不下，均设在昆明城内。两院应用图书，亦都自辟图书馆收藏，以便二院同学随时阅读。宿舍也都设在各院内，情形如文、法、理三院相同。

三

本校各院下设各学系如下。文学院设中国文学、外国文学、历史、社会、哲学五系；理院设数学、物理、化学、生物、地质地理气象五系；法院设政治、经济、法律、商学四系；工院设机械、电机、航空、土木四系；师范学院设教育系。教授均为北大、清华、南开三校原有的名教授，学术既有专精独到之处，教学又十分热心认真。教授平日指定多种必读的参考书籍，限学生须按时呈出读书报告。校方平日对学生毫无疏忽，毫无放任，评阅试卷，决不轻易放过，给予分数，有如授与毕业证书那样慎重，年终分数不及格，便毫不客气取消学籍（本年即有七十余人因功课不及格取消学籍）。所以同学们人人均能勉励求学。学校更拟于下期起，施行导师制，使学生与教授时常接近，学生可以随时把疑难之点请教授解释，教授也可随时予学生以诱导机会，这种办法不仅使师生感情可更融洽，对于学生功课也大有裨益。

四

本校的风气，可以从几面来讲。先谈读书。每天早晨八点钟还不到，洗脸室的人都挤得不透风，厕所也宣告满座，经过这样的一阵纷乱，才渐渐的清爽了，你便看到每人都带着一本书，在草上立着或慢慢的踱着，一面饱吸新鲜的空气，一面口里读他的外国文。这时太阳刚刚从东山上爬起来，它太懒惰了，大家都有些嘲笑这太阳迟到的意味。图书馆的门还未开，门前的人都站满了，他们都是要争先借到参考书的人，因为一种参考书仅有一二本，去晚了便借不到。图书馆里永远是人满着，低头不响的读着书。晚上灯光辉煌下，图书馆里、茶馆里到处一行一行的人头，擦了油的亮发，反射着灯光，辉然闪耀。直到十点以后,图书馆闭门了,茶馆也送客了,大家才在静悄悄的黑暗中,各归故巢。

第二种风气是作苦工。在暑假寒假,都有很多的人,带了铁铲,到城北郊外去替人垦荒芜的草地。同学们因为物价的昂贵,自己又家乡沦陷,经济来源断绝,便不得不用劳力来挣钱补助自己的零用和学费。这荒地是公产,公家为了优待学生计,禁止外人开垦,同学每开垦一亩得洋三十元。在烈日之下,许多同学穿着背心赤着脚,汗水从脸上身上流下来,孜孜矻矻的开掘不停。开荒地以外,还有修筑公路两旁水沟的,因为昆明一带,夏季雨水多,公路常被雨水冲淹,必于两旁开掘深沟,疏泄积水。同学也加入了工作,每修十公尺,工费二元。读书人常被人骂为四体不勤的动物;但是修起水沟来,并不比劳动惯了的工人劣弱,自然在初做的几天,是腰酸腿痛,两手磨起血泡,但是过几天便筋舒力壮了,这种劳力的工作,倒是一付良药,不特使人能加餐进饭,更能梦稳神安。另外还有一种抄书的工作。云南省府重修各种地方志,需要很多抄写的人,每千字国洋五角,工资虽低,却可利用暇时去作,所以我们晴天便去开荒地掘水沟,雨天便去抄写地方志,晚上回来读书,其中颇多乐趣。

一年来校中出让书籍的风气大为通行,这也是环境使然。因为各书局书籍均加价,较原定价高出一倍以上,商务印书馆是加十一成,其他各书局也是如此。同学每年所用书籍,无力向书局购买,于是同学间便发生一种交易行为,比如甲上年读二年英文，下年须读三年法文，他便把念过的英文书卖掉，去买法文书，这样先卖书再买书，大家都得有方便，在校同学都把上年的书卖掉去买下年用书；毕业同学便把书籍完全出让，筹路费出去作事；同学们都成了书贩子，布告板成了广告处。廉让的货单，征求的广告，五光十色，一层压一层的贴起来，来往的人都去仔细的考察。

五

抗战三年来，联大同学也正像他们的祖国一样，在艰危中含辛茹苦的向前奋斗！他们的生活和三年前，虽有显著的不同；但人人却甘之如饴，扪心自问，战区里的同胞，前方抗战的将士，比我们是更苦了，我们有什么权利要求更好的生活呢！

从衣上讲，大多数同学每日所穿着的黄制服，一大都视有二三年的历史了，脏的时候，须自己用肥皂轻轻去揉洗，倘交给洗衣工人随意去洗，那就不免会葬送衣服了。同学也有穿西服的，却是二三年前做的，现在做一套西装要三四百元，没有人作得起。穿蓝布大衫的依然很多，似乎还带有当年北大老气横秋的固有风味。女同学的服装，虽然还是天天在花样翻新；但质料是改用布的了。最盛行的衣服，还要算皮的Tacket，每身价七八十元，可以穿三四年，且不需常洗，更省洗衣费用。昆明的气候是"四季无寒暑，落雨便是冬"，所以无论春夏秋冬，Tacket 都是最合时令的衣服，下身配上一条黄布或蓝布的裤子，便一切都有了，读书时可以穿，运动时可以穿，外出是礼服，在家是便服，雨天是雨衣，睡觉是睡衣，随地咸宜，无往而不利，真可谓经济、耐久、适用三者兼备。

食的方面，我们自组食堂，每人月费二十元，吃的官米每斤价六角。菜是每天从市上买来，贵的东西、营养不良的东西我们不能吃，相依为命的要算忠实、便宜的豆家父子兄弟了——豆芽、豆腐、豆豉、青豆、豆干、豆酱、土豆等。开饭的时候到了，大家走进食堂，争先恐后的盛了饭，俯首桌前，埋头苦干。昆明市猪肉×元×角一斤，同学们都喟然叹曰，天将以我为僧乎？素食久矣，不知肉味。因为营养上的不足，我们身体确感到不康健。经济力充足的人，还可以吃些补品；经济支绌的同学，只有睁着眼日渐消瘦。

娱乐方面，本校同学组有国乐社，西乐社，联大歌咏团，各周都有集会练习，有时也公开演奏。今年暑假中并举行象棋及围棋比赛大会，乒乓球个人比赛大会。喜欢旅行的同学，曾组织徒步旅行团，旅行三次：一，环昆明湖宣传兵役的旅行，共费六天；二，赴呈贡看赛马；三，赴桃园尝鲜。

学生组织方面，有三民主义青年团，群社，南针社，各出定期壁报，张贴校内及城内。其他还有时事讨论会，座谈会，辩论会，学术研究会等。本校学生自治会，于暑假中曾聘请蒋作宾，任鸿隽，罗隆基，陈嘉庚诸先生莅校讲演，西人方面曾请 Dr Clark 讲 "America and Hu Resent World situation"，此外更请本校教授演讲各种问题,先后讲的有:"美国与远东"(钱端升主讲),"英国与远东"(何永佶),"苏联与远东"(洪思齐)、"哲学与青年的关系"(冯友兰),"青年与信仰"(贺麟),并请沈从文,朱自清,罗常培,闻一多诸先生讲文学上的问题。现在校中又成立一个"生活与文化"的讲演会,由校内外学者二十余人主讲,现已讲过的都有"生活的意义"(冯友兰),"儒家思想与青年生活"(潘光旦)。

同学们对抗战情绪更为热烈,其所作的工作并不能枚举,现仅述其大者!

一,七七纪念日的募捐运动,和节食献金。是日同学全体出动赴各地劝捐,一日共得洋二千余元。同学复全体节食一日,得洋千余元,共三千余元,作为七七献金。

二,八校友联合举行抗战劝募公演,联大同学,中学毕业于北平汇文、潞河、崇实、崇德、崇慈、贝满、慕贞、笃志八校者,为前方将士募集药品,联合举办戏剧公演,并请中山大学歌咏团协助,假昆明市一大戏院举行。内容有歌咏、舞蹈、新旧剧,观众极为踊跃,一夜得洋一千余元。

三,联大戏剧研究社、青鸟剧团、星火剧团,在暑假中曾数度公演,将敌之暴行,我将士之英勇,沦陷区难胞之苦痛,均尽情表演,观者深为感动。现三剧团仍努力不辍,不日将更有精彩动人的佳作出现。

四,八一三的兵役宣传。这次的兵役现在规模极大,参加的同学二千多人。宣传区域为昆明市四周百里以内的地方,如大板桥、龙潭镇等地。宣传方法,分为若干路,每路均配合有歌咏队、讲演队、扮演队、慰问队。每至一地,以歌咏号召乡民,继之以讲演,再由扮演队扮演敌人或汉奸之鬼脸,及乡民争服兵役杀敌之情节,复由慰问队至出征军人家属慰问情况及代写书信等,为时五日时始毕。

选自《民意周刊》一九四一年第一五四期;又刊于《战时全国各大学鸟瞰》,独立出版社一九四一年三月初版

// 关于西南联合大学

鲁 明

事变五年有余,西南消息茫然。今来扶桑,偶览杂刊,见有《中国文化情报》一书,记载重庆文化消息颇详,因摘译之,以饷故都读者。

重庆教育当局所倡导的教育方针呢,则置重于"经济发达"与"武力增强"。

其次,我们统计一下事变以还高等教育的数目。事变前的时候,全国的公私立大学以及学院共计九十一校。及至民国廿八年,已经增到一百零二校了。学生以及教职员的数目也按着正比增加,计学生由三万一千二百八十八名增到四万一千四百九十四名,教职员由七千八百二十三名增到九千九百六十一名。

此外,事变后重庆高等教育界的动向,有几点值得我们特别注目的。

（1）师范学校，在原则上，是个独立的设置以养成中等师资为目的。

（2）陕贵康等地新设许多农工学院以及技艺专门学校，并且复更扩大各大学的农工各系，以求农工商业的发达。

（3）自民国二十七年至二十九年国立大学与独立学院都施行"统一招生制"，并且对于不能入学的学生施行"补习制度"。

（4）编纂大学用书，以及增加战时教育。

（5）改进学校制度及组织。

（6）改进训育制度。

（7）订定专科以上学校督察法。

（8）推进学术研究工作。

（9）登记并救济战区失学或失业之学生与先生。

（10）登记并救济外省或留学国外的学生。

（11）征用大学毕业生，并介绍职业。

于此，我们更不能不说的是，现在根据民国二十九年十二月六日重庆教育部制作的统计表，知道，专科以上学校的数目已经由一〇二校骤增到一二三校了，而且这些学校还仅限于教育部立案的。其他若军政部、财政部、共产党、阎锡山、基督教等所设立的学校以及事变下设备不充备的学校或各学校的分校等，我们统计起来，差不多总有一百八十校之多。

现在，我们把各学校分别详述于后：

旧国立西南联合大学

校址在昆明大西门外。

在民国二十六年九月旧国立北京大学、清华大学以及天津私立南开大学联合而成西南联合大学。其最高行政机关为常务委员会。委员最初仅限于蒋梦麟、梅贻琦、张伯苓三人。民国二十九年春该校的各院长以及教务长、总务长等也列为委员。该校共分理、工、法商、师范五院。重要职员除上述三氏外尚有教务长樊际昌、总务长沈履，秘书主任杨振声，图书馆长袁同礼，各院长与系主席。

（一）理学院长吴有训。算学系主席江泽涵，物理系主席饶毓泰，化学系主席杨石先，地理地质气象系主席孙云铸，生物系主席李继侗，教授有化学曾昭抡（全国化学会长），生物陈桢，古生物孙云铸，地质张席禔，数学姜立夫、刘薰宇等。

（二）工学院长施嘉炀。土木工程系主席蔡方荫，电机工程系主席赵友民，化学工程系主席张大煜，航空工程系主庄前鼎。

（三）文学院长冯友兰。中国文学系主席朱自清，外国文学系主席叶公超，历史社会学系主席刘崇铉，哲学心理系主席汤用彤，教授有金岳霖等。

（四）法商学院长陈序经。政治学系主席张奚若，法律学系主席燕树棠，经济学系主席陈岱孙，商学系主席丁佶

（最近物故）。

（五）师范学院长黄子坚。教育学系主席邱椿。此外尚有公民、国文、外国文、史地、数算、理化等系，其系主席不详。

该校教员计有二百余名。学生有三千五百余名。去年四月就到了三千多名，事变前三大学都合起来才二千六百六十五名而已。经费在名号上是每年百四十万，可是实际，也就是支给个七扣，在事变前，这三个大学的经费要到二百四十余万元，那时候物价还便宜，届至今日，百物腾贵，生活陷于极度困穷，因此，据说重庆政府尚额外给些津贴。并且此外中美、中英、中法等各庚款董事会也相当地酌给补助费。

大学有研究所，若文科研究所、理科研究所、法科研究所、工科研究所等，均直属于联大。并且据三大学仍各别有其独自之研究所。若清华大学有文理法研究所、无线电研究所、农业研究所、航空研究所等。此上均属旧有经恢复者。现在又新设了金属研究所、国情普查研究所。北京大学文理法三研究所，亦于去年复活。南开大学从来即以应用化学及经济两研究所有名。

关于学校的设备，在事变后，曾得中美、中英庚款董事会及旧教育部之特别补助，购置了几次。清华大学与南开大学的旧有图书仪器，虽有一部分运走，但因学生数目激增的缘故，显然是不够用的。再关于出版业，三大学原来均有许多种类的刊物，可是现在能看到的只有《国立北京大学四十周年纪念刊》《国立北京大学四十周年大事年表》《治史杂志》等。

其次，关于该大学工学院所用的书籍，我们介绍一下：一年级用书计有国文选（联大自印）、英文读本（陈福田编，商务"大学丛书"）、普通物理（萨本栋，商务）以及Duff的物理微积分（三种）、设计制图（Franch: Engineering Drauing）、用器图（Anthanga A sheey: Deacriplive geometry），其他则为笔记。二年级用书计有，Brown: Engineering mechanic, Tomoshenko And Mue: The Elements of Siureagth of materials, Barnded And Ellenwon: Heat Power Engineering（Vol Ⅳ）, Daughty:hydraulics, Mills And Hayward: Materjals of Gonatructisn, Cohen: Dfiffercatil Egnation, Breed and Hosmer: Elementary Survding, Kimballand Barr: Element of Machine Design等。机械学系的比较专门的课程计有设计制图、用器图、机械制造实习、锻铸实习等，设计制图用橡皮纸，用器书及微积分物理等实习练习问题则用白报纸。西南的纸价贵得要命，一张橡皮纸差不多就得六角至八角，白报纸也得三毛钱一张。

联大校舍的三分之一是新盖的。其三分之二则为租借当地庙宇或公立学校。并且以前借用的昆华中学的校舍，现在已交还该中学，同时学生又一天比一天多，所以校舍的问题，很使他们烦恼，而且昆明又因为空袭的原因，陷于不安的状态，一时，曾有迁往四川或西康之议，但究以钱的问题，而停留于原地。据说倒是有计划把学生迁移到适当的地方去。并且最近入学的新生与补习班已决定在四川叙永的临时校舍上学。

其次，我们还想关于清华大学略述一二。该校廿六年度的毕业生为二百五十六名，廿七年度为二百零七名，廿八年度为一百六十七名，计六百二十名，现在学校里还有三百多人。该校有与官立机关合办之事业两种。其一为探查云南水利（系与云南省政府合办），其二为公路的试验研究（其中一系与资源委员会，一系与旧交通部）。前者已获相当之成绩，后者正在进行中。其次关于考选留美官费生，在廿六七八三年度均停止，于廿九年夏又复活，共招收了二十人。同时尚有留美自费生十五人。每名有年额四百美元之奖金制度。但是，由于财政困难的缘故，大学毕业生中有意再求深造者，率多入研究院所而已。

清华农业研究所植物病害组的工作如下，(1)云南经济植物调查，曾赴昆明安宁东川昭通等廿余处调查，采集小麦穗四千七百余种，病害标本数百点。各种经济植物（如稻麦黍梁果菜）的病害逐一分析，在每一类里都发现了若干种。(2)麦作病害的研究。云南麦种之品质并不低劣，只是因为杂多的品种相混而病害猖獗。因之该组对于外来品种、优良品种以及"坚黑粉"的病菌防除药剂极力试验。(3)防止棉作的病害。(4)大豆选种之试验。(5)发现新种病菌。(6)鸡𦭘菌的研究。(9)菌类的调查，与金陵大学合作预备编辑《川滇菌类图谱》。同研究所植物生理组原置重于生理学，后以战时之故，临时注意应用生物学。于此，有一年半的工作概况：(1)利用植物油(桐树以及桐油的研究受罗库菲拉基金团的补助)。(2)利用植物生长素。(3)用化学的方法产生多套型的植物。(4)应用化学上的工作(植物生长素的合成工作及无水酒精的制造)。(6)于生理学上研究问题里,研究植物之刺激传导,中国人之营养,植物发育之促进,细胞呼吸作用之研究。(6)仪器类之制造等。

此外清华大学国情普查研究所的工作近况:(1)调查呈贡县的人口(民二十八年三月七日至五月五日);(2)呈贡县全县人事登记;(3)呈贡县农业调查;(4)编辑中国人口文献索引(本索引自民十五年即开始迄今始成)。

旧北大文科研究所于大前年五月恢复。原主任为胡适,今改招聘傅斯年(主任)、姚从吾(副主任)、杨振声、汤用彤、罗常培、叶公超等七位委员。研究的范围共分史学、语学、中国文学、考古学、人类学五部。导师有罗常培、李方桂、丁声树、魏建功(以上语学)、姚从吾、向达、陈寅恪、郑天挺(以上中国文学)、罗庸、杨振声(以上国学)、汤用彤、贺麟、唐兰(以上中国哲学史)。研究所的定额为十五人。

《中美日报》今年二月四日登载《西南联大的文化运动》一文,今节录于下:

(一)全体组织

(1)学生自治会(例如西南联大学生自治会,工学院自治会,师范学院自治会)。

(2)各学系学会,共有二十多个,各学系均有。

（3）各学系级会，例如教育学系一九四三年级级会等。

（二）自由组织

（1）一般的。例如群社、明社、三民主义青年团第十分团、南针社、女同学会等。

（2）特别的。例如时事研究会、社会研究会、孙文主义研究会、励学经济研究会、苏联文学会、木刻研究会。

（3）文艺的。例如冬青文艺社、边风文艺社等。

（4）戏剧的。例如联大剧团、青年剧团、青鸟剧团、戏剧研究社、国剧研究社、星火剧团等。

（5）歌咏的。例如联大歌咏团、群声歌咏团、师范学院歌咏团。

（6）宗教的。例如联大基督教团契等。

（7）封建的。例如某省某市某县某地某校同乡会同学会等。

（8）体育的。例如铁马体育会、各种球队等。

（三）其他学术或关于时事的公开演讲、演说等为教授或著名学者。此外如街头或校内的壁报等。

西南联大在叙永有分校，主任为杨振声，教师有五十余名，学生有六百多名，校舍是租借的庙宇及工厂而已。

（自东京日本帝国大学寄）

选自《东亚联盟》一九四一年第一期，原题为《内地十校》，本书仅节录西南联大部分

// 抗战以来的西南联大

查良铮

北大、清华、南开是战争开始后首遭蹂躏的三校。北大和清华的校舍被日人用为马厩和伤兵医院了，而南开大学则全部炸毁。所以在一九三七年秋季，大后方的许多学校仍在安然上课时，平津的学生们却挣扎在虎口里。他们有的留在平津，秘密地做救亡工作；有的，几乎是大部分，则丢下了自己的衣服和书籍，几经饥寒和日人的搜查、威吓、留难，终于流浪到青天白日的旗帜下来了。

就是这些人们，在战前掀起了轰轰烈烈的学生运动的，这时候流浪在全国各地方。三校曾经在长沙复课，但到达长沙的学生和教职员，总共不过七八百人而已。于是组成长沙临时大学，借用长沙之圣经学校，衡湘中学，四十九标营房等为校址，其工学院暂附于湖南大学中，文学院之一部则在南岳半山中。当时借读于长沙临大者很多，全国各大学学生几乎全有，表面虽似混乱，而实皆为一种国难期间的悲壮紧张空气所包围。学校于十一月间正式上课，不三月而学期结束。

这一时期教授少，书籍仪器等几乎没有，个人生活也大多无办法，有些同学甚至每日吃一角钱的番薯度日！然而大家却一致地焦虑着时局。校中有时事座谈会、讲演会等，每次都有人满之患。南京陷落后，大局危在旦夕，长沙的情形也非常不安，即是肯用功的同学也觉无法安心读书了，又加以"投笔从戎"的浪潮蜂涌全国，于是长沙临大中乃有大批同学出走。其中有入交辎学校的，有入军校的，有的则结成小组到山西、陕西、汉口等地参加各种工作团及军队，再没有人梦想大学毕业了。这是学校进程中一个比较黯淡的时期；而就在这时期中，学校当局决定了迁往云南。

人们把工作和读书看为两回事。所以"救亡呢？还是上学呢？"的问题就成了"在长沙呢？还是到云南去？"当时在长沙是容易加入救亡工作的，所以学生自治会反对学校迁移，并派了代表到教部请愿；当地的报纸也都一致攻击，认为大学生不该逃避云云。是时有很多同学犹豫不决，恰好学校当局请了两位名人来讲演，一位是省主席张治中先生，他是反对迁移的；另一位是陈诚将军。他给同学们痛快淋漓地分析了当前的局势，同时征引了郭沫若、周恩来、陈独秀等对于青年责任的意见。而他的结论是学校应当迁移。我这里得说，以后会有很多同学愿随学校赴云南者，陈诚将军是给了很大的影响的。

一九三八年二月中旬，长沙临大分两批离湘：一批海行者经广州、香港海防而抵滇；另有同学、教授等约三百人，自湘经黔步行而抵昆明，凡三千三百里，费时六十八日。抵滇后，长沙临时大学易名西南联合大学，于同年五月正式在滇开课。

　　直到笔者书此文时，西南联大在滇已经两年多了。两年来的西南联大，可以说是无日不在苦难中，折磨成长。总括起来说，它的第一个困难是"穷"。学校的设备经过一次摧残，就更坏一次；图书和仪器固然是在增添了，然而和同学的需要仍不能按比例地提高。教职员方面也是"穷"，他们的月薪顶高的不过能买昆明的三四石米，低的则一石米都不能买到，以此养家，当可想见。同学们除了少数外，是更苦了，一般地说，都是"面有菜色"的。他们固然不再希冀以往的物质享受，然而万般困难足以摧残他们的精神。其次是校舍的困难。许多人睡在一间阴暗的小屋里，无法安静是不用说了，而昆明又多流行病，个人健康也无法维持。有一次一室中四五人先后都患了猩红热，而同室中其余的同学仍无法疏散开。这只不过说明了校舍的"挤"。西南联大的校舍问题并不只此一端。方迁滇时，学校在昆明西北郊建有土房，为以后一年级的一千多新生所用了；工学院在城东的两个会馆里，也比较安静。而其他部分的同学，三两月一迁居都视为常事了。这原因也很平常，就是，西南联大是租了几个疏散到乡间的中学的校舍的（农业学校，工业学校，昆华师范，昆华中学），房子一到期，就有种种原因必得让出来。

　　以上所述，只不过是西南联大的艰苦情况之一部分而已，其他殊难尽述。然而就在这种种困苦中,西南联大滋长起来了。许多参加救亡工作的同学回来复学了,在沦陷区的许多中学毕业生,尤其是华北一带的,他们不辞艰苦纷纷来到昆明,希望考进西南联大。所以现在的西南联大,虽是大量地吸收了西南各省的青年,而仍不愧为北方青年的大本营者,其故就在于此。直至一九三九年始业,西南联大的学生总数竟有三千十九人之多,实不可不谓"漪欤盛哉"了。

随着抗战局势的稳定,学校中课业的进行也积极起来。课室中同学们都专心听讲了,实验室就是在暑期中也都从早忙到晚,而图书馆,则是永远挤满了人。学校各处的墙壁上都贴满了壁报,讨论着有关政治、经济、法律、历史、社会、时事等等的问题,不下二三十种。而课外活动方面,举凡各种社会事业,如演剧、下乡宣传、响应寒衣募捐、防空救护等,西南联大都是热心活动的一份子。然而你会想到吗?这一切都是正为饥寒所迫的同学们做出来的!

国难在激励着人们,我们对于日人最有效的答覆就是拿工作的成绩来给他们看。西南联大被轰炸已经两次了。一次是在一九三八年九月二十八日,西南联大所租用的昆华师范里落了十几枚杀伤弹,死了方由天津来的同学二人。第二次在一九三九年十月十三日,日人在西南联大一带投了不下百余个轻重炸弹,意欲根本毁灭了这个学校。师范学院全部炸毁,同学财物损失一空;文化巷、文林街一向是联大师生的住宅区,也全炸毁了;在物质方面,日人已经尽可能地给了打击。然而,就在轰炸的次日,联大上课了,教授们有的露宿了一夜后仍旧讲书,同学们在下课后才去找回压在颓垣下的什物,而联大各部的职员,就在露天积土的房子里办公,未曾因轰炸而停止过一日。

十月十六日

编者又据该校校委梅贻琦先生于二十九年十二月二日,在联大国民月会报告最近迁校情形补充于下:

"今年暑假联大即在考虑迁校问题。查迁校之原因有二:(一)以前联大借用昆华中学校舍为课室,现昆华中学已将大部分校舍收回,联大校舍仍不敷应用。(二)入夏以来,日人有由广西南境,或越境入侵云南之情势,昆明大受威胁,教育部也明令指示联大搬至四川。

此后联大校委以及常务委员会乃考虑这问题,并派教授二人往四川觅校址。九月末,樊际昌教务长也随着往四川觅址。蒋校委梦麟则飞渝与教部陈部长及最高当局商洽搬校事宜,结果仍不能解决迁校事。其原因是:(一)无适宜校址,联大学生凡三千余人,连同教职员、校工、教职员家眷,则有五千余人。必须搬运的东西,除椅桌仍留滇外,也有四百吨。以前听人家说四川某地有房屋可容几千人,教育部也指示了好些地方,但据教授调查二月的结果,知道四川那些经政府指示、以及传说的地方,皆不能容纳五千人,最多只能容纳二三百人,由此知道搬校困难是事实,非想象。(二)经费困难，照目前运费，货物每吨运至四川必三四千元。一个人也要二三百元。如把所有东西搬去，甚至有人说把电线也剪去，运费要在百万元以上。最近先修班及一年级迁四川叙永，教职员三五十人随行，物品也不过几吨，运输已极感棘手。如全校搬往，则由昆明起始搬迁，一直到四川布置完备上课，其间须耗费一年之光阴。

由于以上的困难，联大迁校问题只好搁置。二、三、四年级生也于十月初在昆明上课。十月中旬以后，昆明辄遭空袭，十月十三日，联大被炸，毁师范学院房屋数座，总办事处及学生宿舍也震坏甚巨，以后十月二十六日至二十九日一连四天，昆明终日在警报声中，日机也侵入市区投弹及在市郊扫射，数千莘莘学子之安全，则全无保障，学校当局乃暂时议定迁校至昆明附近村落，以图一时之安全，即文法学院搬澄江，理学院迁晋宁。但此案经议决，而未实行，日人在邕宁撤退，准备南进，昆明威胁乃大形减少，十一月中，日机只袭昆明一次，学校当局认为迁校有极大困难，昆明又显然不大危险，经多次多方面的考虑，乃决定不迁校，既不迁校，乃有留在昆明之打算。

在前联大认为有搬校可能，故教育部及联大皆登报，关照一年级新生往四川。现在学校已在四川南部叙永觅到校址，可容五六百人，学校已在各大城市登报，限先修班及一年级新生于十二月十日以内到叙永报到。并希望能于十二月以内办妥入学手续，设备完成而上课。

联大今秋因校舍问题,延迟开学凡二星期;且开学期间常因空袭,无法上课。故原定一月十六日结束第一学期,或将更改,而将寒假时间缩短。"

选自《教育杂志》一九四一年第三十一卷第一号

// 西南联大在昆明

伍 生

一 悲欢离合

西南联合大学，是北大、清华、南开三校合成的，北大是中国历史最久的学校，在北平盘据在沙滩，北河沿，马神庙一带。论建筑，东一堆西一堆，各不相连属，有点儿牛津风味。政治界的前辈，学术界的权威，都多少与北大有点关系。清华在北平西郊清华园，西临圆明园故址颐和园，和燕京大学。校内有池沼，有小溪，有古罗马式的礼堂，有高耸云霄的气象台。还有广大的绿草坪和荫郁的树林，更使人不能忘怀的是工字厅前的"水木清华"四个字，因为它的确可以将园内之美包括完备呢！清华原是留美预备班，后来才改为正式大学。因为历史上的关系，学校多少带点"洋气"，只看学生们的西装多是蓝灰二色，就可以表现英国绅士的风格。在学术方面，清华的作风是极力接受西洋的科学，而建设现代的中国。所以毕业出来的学生，在官场上的数目远不及工业界，及科学事业上来得多。南开在天津的八里台，校景的幽美在天津首屈一指。她是后起之秀，张伯苓先生壮严里边的活泼，恢谐里边的真实，造成了南开独特的校风，自校长以至学生，都好像十七八岁的青年，快活而有朝气。在操场里，学生们变成了野马；在礼堂里，成政治家、演说家和深刻的戏剧演员；在自修室里俨然斯文的学者。假如教育的目的是在发展"完人"的话，那么南开可算是这种教育哲学的实行者。

三个学校是多么快乐，和平的处在平津！可是芦沟桥的炮响了，南开被炸了，北大作了野蛮人的马棚，清华成了侵略者的兵站。数十年的心血，几千万的金钱，都因"宣扬文化的使者"而成灰烬！但侵略者毁坏我们的物质，反增强了我们的精神。去年十一月间，三个大学在长沙成立了临时大学，但为永久计，于今年三月间开始迁滇，海路借道海防，陆路则横穿湘黔滇三省，而作第一次文化界徒步长途旅行的壮举。本年四月二十八日，大家又欢聚在昆明，不过因校址关系，联大的文法学院被分在蒙自上课，于是一些良朋好友又被强逼分离了半年。现在又在昆明重聚了，将来也不再离开昆明。

二 学生两千

临时大学，在长沙时，原有学生八百余人，来到昆明改称西南联合大学,学生只剩了七百多,因为许多学生未离长沙,即加入军界服务去了,暑假后,毕业生又走了一百余人,所以旧生只余六百多人。教部统一招生的结果,属联大者六百余,学校又招收各级转学生三百余。这就有学生一千六百余名了。后教部将在上海招生的一部归联大,再加上云南省保送数十名,及师范学院招收大学毕业生的数目,大概总数可到一千八百名。暑假时自平津来了许多高中毕业的青年,因为未及参加考试,教部令学校当局予以补考,使远地学子不致失学,现在就要考试了,这批学生也有二百。联大有二千学生是绝无问题的。

两千学生,在昆明市影响确实不小。各铺家突然添了不少的主顾,而各书店,更没有一刻工夫不见联大的学生。两千学生虽然来自不同的区域,但大部分有着道地的北平口音,其余也说得相当流利,于是饭馆的跑堂,商店的店员,见学生进门,就学学生说话,如"快点啦么"改成"快点儿","还不是不有得"改成"没有","两块钱"改成"两毛"等等。

三 三位校长

自教职员到学生,都知道一件事情,就是:三个校长缺一个也不方便。梅贻琦先生是一个书生。办事方面也不脱书生本色,少说话,而很认真。他有一副和蔼可亲的面貌,一口调协沉着的国语。言词不大流利,但很能把握住要点,他慈善的心肠，感化得学生教授心悦意服。三个历史不同，性质不同的学校，能够快快乐乐的合在一起，可以说完全是梅校长内里的工夫。他轻易不笑，但也轻易不发脾气。长的面孔永远是冷静和蔼的表情。有一个怪脾气，是不大肯迈出办公室的门。

蒋梦麟先生是教育界的老前辈，头发已经苍白了，可是他仍奔走不息。他的身子瘦的像大烟鬼，穿起西装来怪难看的。可是我到现在还没有见过他穿长袍，因为他爱好交际呢！的确，他是一个交际的圣手，今天他拜访某主席，明天又接见某委员，会场上总见他致词，飞机场上也常见他脱帽握手。地方人士对他表示好感与敬畏，联大能顺利的搬到昆明，借到大批的校址，安安稳稳的上课，谁能否认不是蒋校长之功？

张伯苓先生，在参政会中居副议长一席。因为大会场上的议长，非体格强壮，声音宏亮是不成的。他那魁伟的体格，重量可等于蒋校长与梅校长之合，一口天津话，在会场上准保没人打盹。他不大到学校里来，所以许多同学还没有瞻仰过他的尊容。可是学校却不能少他，因为在国府里说上三两句话，联大就会有很多的方便。不信，你去问问联大的朋友看。

四 衣食住行

在原先，北大人爱穿长袍，清华人喜好西装，南开人因为都是活跳乱跳的孩子，所以喜好西式裤子和Jacket。到现在有些改了。因为北大的长袍既有点暮气，做起事又不方便；清华的西装，似乎有点奢侈。现在都是一色的制服，夏天黄色操衣，望去好像大兵，冬天套上一件黑色棉大衣，会像北平的警察。南开的Jacket因为经久耐用，所以还保存到现在。在操场见到穿Jacket的运动员，十之六七是南开生。

食在昆明本来很便宜。几个月前，国币六元一月就吃得很好，每日两餐，每餐六个菜，早晨还有稀粥和馒头。可是随着昆明人口的增加，饭食就一天一天的贵起来了。到现在七块半钱的饭与先前六块钱的相等，而六块钱的饭食，只有四个菜了，并且早晨的馒头也取消了。同学们为防止作弊，都由自己去买菜，在昆明的菜市上，每天早晨都可以看见穿黑大衣的学生，在那里争论价钱。

联大本无校舍，初来昆明时，东借西借，勉强的安排下了，而文法学院还被迫到蒙自去。暑假后文法学院迁昆明，又招了大批的新生和转学生，学校负责人员，东奔西跑也跑不出结果来。正当发愁之际，突然侵略国的飞机光顾昆明，昆华师范首遭轰炸。于是昆明市所有的中学校都深入民间去了，留下的许多校址，凭联大挑选。结果，一年级新生及师范学院学生住昆华中学；二三四年级学生住昆华师范，及工业学校；工学院学生，住江西会馆，迤西会馆，及全蜀会馆；农业学校，建筑整齐漂亮，作了教室，办公室；女生本来住农业学校旁边的一座小楼，但本季因人数太多，所以也住在农业学校去了。一块好地方独归女生们享受，所以男同学皆恨不生而为女生。

行，多是以步代车，清华的银白色的汽车，到现在是享受不到了；坐人力车进城，起码要三块钱老滇票（合国币三角），穷学生们似乎没有这么大瘾：何况许多同学是受过三千里徒步行军的训练呢？

五　来钱不易

战区学生，每月能得贷金七元，除去六块钱吃饭，只余一块钱。这一块大洋，买买文具纸张就用光了，而理发、洗澡、洗衣等，还须借债来维持。但借债在面子上是难为情的事，所以不得不另谋出路。于是同学中产生了不少的家庭教师，访员，动笔杆写文章之类的人物。本季开学时，注册课要十个同学帮忙，每日工作十点钟，得大洋一元，同学中多骂工作时间太多，不合人道，但四点钟内，报名者超过了五十人。学校工程处要土木系学生监工，每日也是一元。工作倒悠闲得很，但他系学生不能插足。学校更要电机系同学在教室和寝室里装电灯，每只大洋五角（比请电灯公司装便宜得多），每日若装好五只就可得大洋二元五角，可谓优厚之至，在注册课工作的同学就相形见拙了。这年头还是工学院吃香！

六　救国运动

七七献金，文法学院在蒙自轰动全城。因为，一城献金之合，还赶不上一校献金的数目。在昆明，献金的结果也很可观。十一月间的寒衣运动，联大更不甘落后，除同学及教职员捐助外，还大开游艺会《暴风雨的前夕》一剧，当地报纸评为"昆明戏剧界所未有"，沈从文先生也说："平津的学生，爱国运动是常态的，沉寂是变态的。"云南壮丁出境参战，而下级干部乏人，所以在联大要一百二十名，作下级干部率领至前方，消息一出同学多踊跃报名。可佩的是，暑假中从平津来昆明考联大的学生，也自动呈请参加工作，现在已经为当局批准了，不久就要出发。

七 活跃兴奋

十一月底开始注册了。农业学校里满是人。拿着各种的单子，匆匆地，从楼上跑到楼下，又从楼下跑到楼上。课程单前挤满了人，注册部的职员，拼命的出汗。清华的书籍仪器运到了，工人，学生一起往楼里搬。从汉口展转川黔运来了标准天秤，从海防运来了Dog-flsh。"啊！我们有实验了！"每个同学都这样喊，每个同学都想借好的机会，充实他自己！

选自《学生杂志》一九三九年第十九卷第二号

// 我们在西南联大

白 仑

西南联大是我们正读书的学校,光提这名词也许会有人觉得面生吧!好,在此就让我来作个简略的介绍。国立西南联合大学是最完全的称谓,简称有时叫联大,有时也叫西南联大。它是抗战的产儿,前身是北平的北京,清华,及天津的南开大学——三大学。二十六年七七事变爆发后,这三个学校即向南迁移,首先在长沙成立临时大学,嗣于次年徐州会战后,全部又向滇迁而改成今名。全校分文、法商、理、工、师范五个学院,共二十五学系,学生近三千。去年九十月间因敌人在越南登陆有窥滇模样,学校一度有迁川之议,后时局逐渐于我有利,于是打消迁移意,只在川设分校。现在在滇的是二三四年级,一年级同学则在四川叙永分校上课。

同教同学在本部有九人,分校方面已知者有三人,那边的情形因不清楚,故下面所谈的不得不限于本部了。如以我们所属的院系看，其分配是：文学院的历史系四年级二人，外国语文系三年级一人，社会系二年级一人；法商学院的法律系三年级一人，政治系二年级一人，经济系三年级一人；工学院的航空系二年级一人；师范学院的教育学四年级一人。九个人中具有云南、安徽、四川、广西、湖南、甘肃、南京七个籍贯。每届毕业与新来同学中都有同教的。

前年夏组织了一个同学会，凡在校与卒业而仍留昆明者均可为会员。平常因功课太忙，我们只有埋头顾自己的功课，很少有机会从事宗教方面的活动。然而，在饭余或暇期，彼此间仍时常谈些有关宗教的问题，个个都带着将来要为国为教而努力的志向，准备担负双重的担子。怪好玩的是大家碰着都是笑容满面，讨论事情则认真辩驳，虽然偶尔有因意见不合而致争吵的，可是，不久又是谈笑自如。

每学年的开始，我们有一个迎新会，欢迎新来的同学。学年末了则有一个欢送会，欢送毕业的同学。可惜，今年的新同学都在四川分校上课，迎新会无法举行了。

自同学会成立以来，开过两次的演讲会：第一次是请白寿彝先生讲中国回教的概况；第二次是请马坚先生讲近东各回教国家近况。很值得感谢的，他们给了我们许多宝贵的材料，说明得非常详细。最近还决定在本学期内开一两次回教学术讨论会，请教中留昆闻人指导。

三〇·三·五，于昆明

选自《中国回教救国协会会报》一九四一年第三卷第七期

// 西南联大拉杂谭

天 籁

寄自昆明
学生三千人院系扩至五院二十六系
三校原有精神已融化于整个联大中

太阳伸出金黄色的头来了,大地上,仍静悄悄地,只有树间的小鸟们唱着晨歌。远望四周,群山起伏,像仙女的玉臂拥抱着她的爱人。碧绿的河水,悠悠地流着,流着,仿佛缠绵的情意,无穷的幽思。啊!昆明实在太美丽了,不管是它的内质或外表,都好像是个朝气勃勃的英俊少年呢!气候又是这么暖和,虽然时届暮冬了,却依然像北方初秋时节,这又象征着他的性情是多么温和!

这山明水秀的昆明,不但在抗战中是军事经济的重镇,而且被誉为"文化城"呢!"文化城",这美丽的名词,里面正蕴藏着最高学术文化的核心!本来这"文化城"里有三个国立的最高学府——西南联合大学,同济大学和云南大学,但在这学期,同济迁到四川去了!

本文所要说的,全国规模最大,学生最多的国立西南联合大学,它的大本营位于这"文化城"的外边。它的外表是那么朴实,轻易看不出这就是闻名的最高学府呢!

它是抗战中的产儿;谁都知道,日寇侵我,不光是图占我肥沃广大的土地,掠夺我丰富的资源,还要灭亡我们的种族,摧毁我们的光辉灿烂的学术文化。我们的最高学府,即是民族学术文化的宝库,暴敌不顾世界的公愤,舆论的斥责,疯狂轰炸我全国各大学,无非是妄想摧毁我学术文化,但其结果,我们物质的损失有限,精神的淬励却无穷,敌人的暴力,不但促成我政治的团结,军事的统一,学术文化方面,更有划时代的进展。

本来平津两地,尤其是北平,是我国历代学术文化发展的核心。但平津相继沦陷后,我文化的光辉并未因此而消失。反之,它迅速向内地迁移,在西南各省建立新的基础,继续发扬光大!在廿六年秋,卢沟桥烽火燃起,三个月后,南开,清华,北京三大学,联合在长沙成立临时大学。经费是由三校提供原有经费七成(当时三校经费,教育部都按七成发给)之三成五。于是,就奠定了今后西南联合大学的基础。他们在长沙开课仅一学期,复南迁昆明,改名为"国立西南联合大学"。正式开课日期是在廿七年五月一日。去年下学期,因日军在海防登陆,昆明遭受空袭颇紧,又拟迁到四川去,后因交通,居住困难,仅在四川设立分校,先修班与一年级生便在那边上课。

西南联合大学的最高机构是由三校校长组成的常委会,成员为南开的张伯苓,北大的蒋梦麟,清华的梅贻琦。而实际在校内坐镇的,却是常委会的主席梅贻琦。蒋梦麟则常往来于昆明重庆间,负责"外交"使命,不常在校。张伯苓仅挂个名。蒋梦麟在渝于某次闲话间,曾作一个妙喻。他譬喻梅贻琦是骆驼,整日在校中负着重责,他自己常在外面奔走,活像个猴子。

是的,目前在"骆驼"和"猴子"领导下的西南联合大学,正在"刻苦"中"飞跃"进展着。抗战的烘炉把学生们锻炼得更坚实了,他们和她们再不是花花的公子,千金的姐儿了!这里,没有巍峨的校舍,更没有美丽的校园。新自建筑的校舍,是在一块不平整的草场上,盖着一间一间的平房,约摸有百余间。黄泥的墙壁,敷上一层士敏土,上盖白铁篷,仅可遮蔽风雨。室内是仅摆着靠椅,一块黑版,除黑版前的一张桌子外,再也没有第二张桌子了!学生们需用的桌子,仅在靠椅的右边钉上一半尺宽的木板,聊供笔记之用。四面的窗户,有些不但没有装上玻璃,而且没有糊上棉纸。学生上课时,任那无情的寒风袭击着。耳听讲解,手写笔记,仿佛不曾感到寒风的严酷。有些课程,选读的学生较多的,小小的课室容不下,不少迟些儿到的学生们,便只得拥在四边的窗口外听讲,不但屁股得不着椅子的奉承,左手还做了临时的桌子,托着练习簿写笔记。因此每当上课铃响了时，不少学生是在连跑带跳的抢进课室中去！他们那种刻苦奋进的精神，实令人钦佩。

由于政府积极发展工科教育，扩充各大学的工学院，增设班系。联大的院系遂扩至五学院二十六学系了。全校学生选读工科的占最多数，其次是选读化学，经济及历史社会学系的。文法政治等科占少数。由此可见学生思想已转移，他们愿求得实际的科学，为国效力，改造社会。建国大业正在迈进途中，国家亟需各种技术人才，去年（廿九）七月间，教育部奉行政院令转发国防最高委员会训练技术人员计划大纲，须于五年内造就电机机械工程师五千人。因此各校工学院多增加机械，电机，土木，化工，矿冶等班。由于政府对于工科教育的倡导不遗余力，以及实际的需要，社会上遂形成重视实科之风气，有志升入大学的青年，多趋向于投考实科。未来新中国工业的繁荣发展，实发源于今日风气之长成，以及政府当局积极的倡导。

还有师范学院的学生也不少，他们的修业期是五年。可见要造就师资人材是怎样的不易。该院从本学期起，附设一所学校，由初小一年级至初中三年级。教员都是该院上学期的毕业生。管教采用最新方法。只因开办的历史尚浅，兼之行将开学的那时期，适逢昆明遭受空袭最紧张的时节，妇孺多疏散至乡间去了！因此学生共仅六十余人，而教员却有三十多位，造成教育界空前未有的奇迹。

联大诞生至现在，不觉将满三个学年了！学生已增至三千多人。他们有来自遥远边疆的蒙藏,也有自白山黑水边,经过流离颠沛的惨痛才来到这里的。还有远涉重洋归来的侨生,总计全国各省,除新疆外,每一省份的优秀份子都集中在这里。三千学生中有大半是靠着贷金和救济金等的支持,或在课余找些工作做。家庭方面的接济是完全断绝了的。所幸政府方面有学生膳食津贴,学生的膳费每人仅十八元。自然,菜饭是很粗劣的。但,物质的享受虽苦,而精神却很兴奋。每天早晨,太阳刚出,枯草上犹铺满了晨霜,都市的人们多还在黑乡酣的时节,他们和她们,已三五成群,各挟着厚厚的书本,大踏步向课室中去。一个蓬勃的朝气,充满了整个联大。

教学方面,很是严格,而他(她)们仍很热心参加课余的活动,学生组织的社团很多,除学生自治会属于全体的外,各种小组的团体大约可分为三大类,第一类是包括文艺戏剧歌咏等项,这一类是最活跃的。第二类可包括各系的研究会和各级的级友会。第三类则是各省的同乡会。

各种团体,它们多半出有壁报,因此踏进联大的校门时,便可看见琳琅满目的壁报贴满了墙壁。它们有各自的立场,主张不同,有时自不免发生论战,不过大家同一的目标,都是国家至上,胜利第一的。

这屹立天南的最高学府,它负着培植这一代学术文化的使命,日渐发育滋长起来了,自不免要遭暴敌的嫉妒。因此在去年十月十三日,敌机二十七架即以西南联大和云南大学为目标,集中轰炸。云大当即被炸得相当厉害,联大仅遭受一部份的损失。全体师生均无恙,翌日照常上课及办公。

  敌机的炸弹,近把校舍炸坏了少许,而他们的精神却更激扬起来了!在学生自治会主持下,他(她)们组织了一个空袭服务队。最近,更响应"青年号"献机运动,直接给予轰炸者以答覆,热烈的空气激荡全校,级际、系际相互竞赛,共获得七千元(叙永分校所得尚未计入)。教职员方面,也继起响应,每人捐出卅年一月份的月薪百分之五。全校现有教职员五百余人,所得自然很可观。他们在物质的享受这么清苦之下,仍能有这样的成绩,实是难能可贵。倘使全国教育界闻风兴起响应,其结果将有多么伟大的成绩啊!

  "经两年来之惨淡经营,校舍既定,设备渐充,学生程度,亦年有进步。三校原有之精神,已潜滋默化融洽于整个联大之中。"(梅贻琦语)

  是的,今日的联大已在时代的烘炉熔铸下,融和了三校固有伟大的精神,成为更坚实的抗战力量。联大以继续三校的历史传统为动力,以发扬中华民族五千年来伟大文化的光辉。

选自《抗战周刊》一九四一年年第五十六期

// 西南联大师范学院

黄钰生

（一）西南联大原有哲学教育心理系，奉令添设师范学院后，即将该系教育部分拨回师院，同时将云南大学教育系亦拨师院办理。此外再筹设六系，即构成西南联大师范学院法令上之组织。现预算尚未经教部核准，一切设施未能具体进行，兹所报告半为计划及希望。

（二）校址：部颁规程中师范学院可与文理学院合并上课，但宿舍须另成一单位，故须另觅宿舍。现觅定之宿舍在昆明城外地坛旧址。

（三）招生：部令招考新生四百名，但因经费，设备问题，先招一年级新生二百名，至第二部学生，大概招不到许多。原有学生，西南联大教育系有二十名，云南大学教育系六十名，总共师院可有三百名学生。

（四）第二部学生修业一年即入社会，关系师院前途甚为重要，故招收必须严格，对其品质方面尤须注意。

（五）待遇：师范学院待遇虽规定为免学宿膳费，但免学宿费，等于口惠，因各国立大学，久已全免；免膳费亦为半口惠，因抗战期间，学生贷金，几皆等于供膳费，故应再有格外优待办法。

（六）教授：遵部令不多聘人，除公民训育系另聘主任外，其他各系主任皆由文理学院各系主任兼任，惟各系拟加聘一教授，拟于中学教员中经验宏富成绩特著者或于教授中对中等教育特别有兴趣者加聘。此一教授一方面教书，一方面即指导学生实习。此外各系皆有一助教，希望从年青而有希望之学生，培养为教育专家。

（七）课程：全依部令，但第二部学生教育基本科目二十二学分似嫌多些，拟减少上课时间，多加课外阅读时间。

（八）设备：在预算中除图书外，希教部先准设"工作室"，拟将中学用之一切仪器教具，使学生知其如何作及如何改良。如无线电收音机，幻灯，活动电影等，均令学生于每周末学习。现教育部所购固已便宜，但犹不能普及于乡村中，吾人希望师院学生将来能有制造品，普及于乡村中。

（九）训练：亦遵教部指示去作。此外学校行政，因经费不多，不愿多设职员，膳食，庶务，卫生等类工作，皆利用学生自己去作，同时亦即练习管理校务之能力。

选自《教育通讯（周刊）》一九三八年十一月十二日第三十四期"全国高级师范教育会议专号"

// 从西南联大说起

刘 钊

王芸生先生在本刊发表过一篇《为青年忧，为国家惧》，在那篇文中，王先生忧国心重，爱护青年，是人所共谅的。不过王先生所根据的一封信，似乎不足为据，所下的论断，也就难得全对了。但是青年确实得忧虑，时至今日，能像王先生这样拿出热情来教训我们的，已经不多有，若干人冷嘲热骂，讽刺青年，若干人板起面孔，教训青年，他们的反响，只是青年人的反唇相讥。青年人需要领导，也需要热情的诚恳的教训，王先生的热情是足够的，话也足够使我们反省的，然而王先生对于青年的实况，也许知之未切。

我们先看王先生所根据的信：那封信中充满嬉笑怒骂的笔调，态度既欠诚恳，且把事实写得过于尖锐化。文内所举的事实，似乎在说西南联大，但和我们所知的颇有出入。先说"追女人"，这封信上所说的两个女人，确有其人，但其中一位是很好的学生，她虽然也谈恋爱，但并不是交际花。联大有三百多女生，真正成了交际花的，能到社会上活动的，少之又少，其余大部分是好好在读书。三百多女生，在三千多男生里，已成了沙漠中的水草田，那些穿破制服居不求安食不求饱的男同学，也只有在女同学中找对象的份儿。至于男人谈女人，是到处皆然的，笔者前两年是在北平读大学的，觉得现在谈女人的风气，并不比北平更盛。昔年不知何以历史上有许多人在心情不佳时，便嬉笑怒骂，现在领略了，这等于是公余的一枝烟，用以弛缓工作上情绪上的紧张。缺乏娱乐，不会娱乐的学生，也只能以谈谈女人为消遣。而且青年谈谈恋爱，也没有什么了不得。许多人年近三十了，他们自己就是不想办法，社会也应该为了下一代，设法为这些青年造成结婚的机会。女同学若能垂青这批破制服破大褂的学生，则男生之追女生，也是理所当然。至于传记家世，怕还没有人这样作，至于"五年计划"，也许有人出于玩笑，那些"毕业、作官、刮钱、女人、汽车"，决不会是由衷之言。

  聊天的时间，只有饭后，饭前因为功课的编排以及参考书的繁重，已经没有进宿舍的时间。由此可知写信的那位同学是故意夸大其辞。至于跑仰光，似乎有几个，几个人的事我们可以不理。联大读书的风气虽然低落，但还维持得相当好。许多学生在校内外作工赚钱是有的，少至数十元，多至数百元，应有尽有，这还是因为昆明各机关各公司都是下午办公，可以兼职。这几个钱，不过是为了补助些学费，指望用这几个钱"泡女人"岂非妄想!

　　功课上，教授们为了要维持相当的水准，而招生时又须大批招，平时只好严加督促。联大是向不点名的，不过不上课的学生就很难及格，何况各科多少均有参考书，如说"简直不用功"，真叫我们奇怪这话的来源，更没有听说那位同学用功，而被讥为"傻瓜"的。

　　前面已提到，工作之余，烦闷之际，不免谈谈轻松的事，但日常聊天中，也一样谈到"人生哲学""时事"，以及本行所学，未来志愿。谈这些话时，声音自然会低一些，免得人家骂他吹牛。但既是闲谈，当然闲的多于正经的，如果以为这就算言不及义，未免责之太苛，我们并不需要句句都说抗建的大道理!

　　至于学校当局，笔者最近见过十个左右的大学，还没有见过像联大当局那样努力工作的。联大去年被炸，人人以为无法如期开始，总务处估计要迟一个月，但梅校长一定要如期开学，他要日夜赶工，深更半夜他还从城里跑回学校视察，结果如期开学了。学校参考书不够，有多少教授自己拿出书来放在各系图书馆。化学系某教授从草木灰中提化学品以维持某组实验。这种精神，会不影响学生吗?再看联大的研究精神，学术奖金前一半，几乎为联大包办了。在学校里，各系多有学会，几乎每周都有教授或学生的研究报告。公开的普通学术演讲，每周至少可有一次，各会出席的踊跃，可有算是证明。联大毕业同学的服务成绩或亦为人所共知。

青年问题的严重是实情,但还不至于仰光丢了,连理都不理。消息一紧张,大门口的报童忙得应接不暇,校内东一处西一处挤着看别人的报。青年若连这一点热情都没有,其严重的程度那真不堪设想了。平时不大看报,倒是有的,五角钱一张的报纸,实在是个负担,所以只好在贴报的地方挤着看看标题。我以为青年可虑的,也许是有志于研究的很少,有事业心的也不算多。我们只看文理学院的学生愈来愈少,甚至将要断根,而经济商业两系,均可独立成学院而有余。为了什么?恐怕大部分是为了优厚的薪金。青年没有研究心,事业心,只图报酬,缺乏积极心,这是一个危机,而这种现象,又成了全国性。这一点是真正值得为青年忧,为国家惧的。回想事变前大学生只有两条路:一条是研究,一条是回到中学去教书,到其他界的很少,不过那种现象也并不见得好。

王先生指出青年问题的恶因是情绪的烦闷和生活的压迫,而情绪烦闷的原因,王先生说是党派的纠纷与党派的活动。工先生未亲临其境,所知容有未切,事实上,在西南联大,党派并不活跃。

站在青年的立场,一切只能反躬自问,不能归咎他人,不过青年谈谈女人,讲讲恋爱,问题倒不严重,严重的是他们是否肯为国家前途负责,是否颓废。在这方面想,也许青年应该有组织——政治的或非政治的。这种组织应给他们一个理想,一个使命,使他们努力去追求理想,使他们彼此互相鼓励,如此或可减少情绪的不安,以振作其精神;因为青年已深感个人的渺小，需要组织去帮助他们了。

本刊五四特刊有朱光潜先生讨论青年心理烦恼的文章，我的陈述正是证实了朱先生的话。朱先生是心理专家，尤其对变态心理很有研究，他的话很对，凑巧我也是学心理的，所以也是这样看法。

选自《中央周刊》一九四二年七月十六日第四卷第四九期

// 习传散札

班 公

尝谓读书一事，不可不科学化，亦不可太科学化。不可不科学化者，不知加减，难懂乘除也；不可太科学化者，读书必须俟兴之所至，然后能每一字都打入脑中，不致目下了了，心里茫然。若在暖洋洋的春光骀荡之际，要我在午饭后读书经礼记，其结果必定流于宰予一路，难逃朽木之诮。盖欲安心读书，则必须于天气微凉，静室独坐之际矣。昆明是好地方，理由极多；而其中之一即在于使你读得下书。不但读得下，而且还能使你有记几条笔记的心情。此地所引几节，也还是当年旧抄；若以现在的心绪，是连短一点的文章都往往难以终篇的了。

我一向好读传记，但是对于我国讣闻上所附录的行述之类却无甚兴趣。西洋传记之中，如行述之类实在也很不少，不过也还有几本娓娓言来，趣味颇为浓郁的作品，读来尚不叫人昏昏欲睡。盖做传记与做广告差不多，你不妨隐恶扬善，却切忌指鹿为马——明明这个人有些近视眼，你若偏要过说他目力过人，其结果往往只会近于讥嘲。所"传"之人，有些小小缺点，你正不妨也略略一提，因为此等处倒反而能叫别人喜欢他，觉得有一种亲切之感。至于其可"传"之处，却当然就是传记正文，应当大大渲染一番了——但是也不要太肉麻。国人似乎对于追挽录和荣哀录倒极生兴趣，亦无怪大家之怕"吃力不讨好"而不肯好好的学写传记矣。

一　生

英国大儒孙士白律（Saintsbury）谓世界最优秀的传记只有五部，而洛考脱（Lockhart）的《司各脱爵士传》占第一位，鲍士威（Boswell）的《约翰逊博士传》次之。另一英国名作家倪古尔（W.R.Nicoll）却以为世界最好的传记有六部，他以鲍氏的《约翰逊传》为第一，而洛氏的《司各脱传》为第二。我的书架上虽然说贫瘠得不成样子，那本家诵户晓的《约翰逊博士传》倒总算有了，到现在还不免要常常拿出来翻翻。洛考脱的《司各脱博士传》却是在昆明涉猎过的——我想西南联大图书馆的馆员青子小姐（她写得一手好散文，在《宇宙风》也常常发表文章）也许还记得我每天借这部书罢？

司各脱博士我想不必再介绍了，林琴南译的《撒克出劫后英雄略》就是他作的。他是"传奇之王"，写过无数专讲英雄美人的历史小说；生平尤喜搜集民谣，也写诗，却没有他的小说重要。晚年多病，不能执笔，便躺在病榻上口述，由他的乘龙快婿笔录。有时随说随忘，等到笔录好的全部小说交给他看时，他居然早已完全忘掉了。这位女婿极其崇拜他的泰山，一向爱护他无微不至；等到他死后，便为他写了一部极动人的传记——这部传记就是我方才提起的；而这位女婿也就是一跃而成为英国第一流传记家的洛考脱。

读洛考脱的《司各脱传》，正如读吉朋的《罗马兴衰史》一样，需要恒心，需要毅力，需要勇气。全书厚厚十二册！然而，这真是一部不能不读的好书，地位之高，并非偶然。洛考脱在字里行间，莫不洋溢着一种诚挚的敬爱，文字更是简练干净，读之忘倦。最初看见这尘封的十二厚册，的确心存惴惴，却不想渐入佳境之后，竟然不忍释手。然而我现在想讲的倒还不是这部传记本身，而是一件偶然的发现。这个发现却又是和联大图书馆所藏的那一部《司各脱传》有关系的。

原来联大从旧书铺里买了一些书。这一部《司各脱传》也是旧货，第一集的封面后页，还贴着一张藏书票（印有拉丁文 Ex Libris 及藏书人姓名之长方笺条，镂刻往往极精，亦犹我国藏家之精治铃记也），上有 Herbert E. Griffith 的姓名，当然也就是该书的原主了。我有一天偶然翻翻，忽然在卷一的正文前发现一条从报纸上剪下来的记载，想来也就是那位原主人亲手剪贴上去的了，却非常有趣。

原来司各脱士之生，竟在其生母已安葬五年之后！事实是这样的，这张报上记载着——

英国伯明罕地方有一位乔治·麦唐纳先生，他写了一封信给伦敦的《每日快报》，就提起着这件奇闻。

麦唐纳先生说，司各脱太夫人的可怖的遭遇，在数十年前即有一位文人曾加记述。

那时她还没有出嫁，不知怎样忽然昏迷不醒，请了许多医生来看，都说是已经死了。全家哀痛之余，只好办理后事，便把她安葬在当地教堂里祖坟所在——她的母家罗瑟馥（Rutherford）氏本来是阀阅之家，所以特为辟一区专葬自族中的死者。

是夜星月皆隐，黑暗如漆。不想那教堂里竟有一个和尚，存心觊觎起来。他偷偷地走进墓道，撬开了棺材！在摇曳的烛影中，只见罗瑟馥小姐珠翠满身，殉葬极厚。那和尚满心欢喜，便去捋下手指上的戒指，可是那些戒指都套得很紧，急切间竟捋不下来。

那个憨不畏法的凶僧竟拔出利刃，去削掉死者纤指上的肌肉！

刚刚一缕鲜血慢慢沁出来的时候，潜伏着的生命力恢复了。罗瑟馥小姐张开了她的双眸。她只觉得奇怪，迷惑。她叫了一声，从棺材中坐了起来。

一阵峭厉的风吹灭了在罪人手里摇摇不定的蜡烛，那惊惶的僧人觉得全身的汗毛都竖了起来，他发出了疯狂的绝叫，如飞而逃。这叫声惊醒了教堂里面的执事，他们冲出来搭救了那位刚刚苏醒的"朱丽叶"。

罗瑟馥小姐虽然遭此巨险,然而终因调护得法,居然太平无事的又多活了许多年。

她嫁后诞生我们的"传奇之王"时,已经在这次下葬的五年之后了。

二 老——死

天气骤寒,在街头走走,只见寒风中飞舞着萎黄的落叶。微雨如丝,忽然想起了李叔同先生披剃前的一阕歌:

秋风起,黄叶飘,秋气拂林杪;往事依稀,梦影迢迢,零落凭谁吊?镜里朱颜,愁边白发,光阴暗催人老!纵有千金,纵有千金,千金难买年少!

原歌载《中文名歌五十曲》,配谱极好,有苍凉沉郁之致。老冉冉以将至,中年正是最多感慨的时候,何况李先生更是性情中人!我想在"镜里朱颜"四个字里,已经伏下了日后大彻悟的根苗了。古今中外,描写"死"而极美的,以前有丁尼生的"越限诗"(Crossing the Bar);但以空灵超脱而论,弘一师"华枝春满,天心月圆"八字可说是前无古人,后无来者的。然则他在中年时的感伤,到晚年已完全解除;我们看到上人绝笔时的"悲喜交集"四个苍劲浑厚的字迹,只觉得连哀伤都还是太浅薄了。

小孩子有时会希望自己长大得快一些,可以得到别人的尊敬,等到长大之后,却对于老之将至又不免存一种畏惧,所以美丽的少女要精研驻颜之术,威武的君王要找寻不死之方。哲人见之,固然是不值一笑,然而稍差一等的人就未能免俗了。

斯威夫脱(Jonathan Swift)不能不说是一个绝顶聪明的人。虽然他因饱经炎凉的世态,行文不免略嫌峻刻,但是若以讽刺的技巧而论,那么他就可以说是箭无虚发,针针见血,笔锋所指,奸邪无所遁形的。他不是一个圣人;他是一个才子。他并不怕老,可是对于老境却也抱了一种小心翼翼,如临大敌的态度。我曾读泰勒(W.B.Taylor)的斯氏评传,其中就有这样一段很有意思的材料——

"一六九九年,名政治家田卜尔爵士(Willam Temple——班按:斯氏曾任田氏幕僚,田氏在政治界极占势力,斯氏潦倒一生,惟佐田氏时稍稍得志。)逝世。斯威夫脱便立下了几条大纲,预备在老年时——遵守——他之视老年,犹失了恋人的少妇自伤身世。他觉得老年人必定是落落寡合,性格暴躁,容易发怒,自作主张,欢喜夸大,不大肯注意清洁,倒自以为比别人一概都强。他的一条条大纲便针对这几点而发,其中有几条是:

不和年青女子结婚。

不和年青人交朋友——除非他们自己愿意。

不发皮气,不搭架子,不疑神疑鬼。

对于新的习惯,流行的时式东西,新的人物,甚至新的战争等等,一概不表示看不起的态度。

不喜欢小孩子,不让小孩子常常走近身边。

对于同一个人,不把一只老故事讲了再讲。

不贪婪,不小气。

不忽略清洁,以免惹得大家讨厌。"

译完这节,略有感慨。怕老固人之常情,而斯威夫脱这样怕法却实在有些可怜了。实则,老境恐怕亦有可羡可爱之处,譬如说青年时不免火气难脱,于是东跳西冲,撞得满头青肿才肯恍然大悟,说是要折节读书了;而老年人则世故渐深,处处不肯认真,却处处尝到了人生的淡淡的趣味。再说,人必须到了老年才真的成熟,慢慢的可以"从心所欲,不逾矩"了,青年却总是夹生的,英国人所谓"绿"(green)得不中用。青年时写的文字最好不发表,他一过十年二十年重见旧作,往往第一个感想便是"想撕"。而老年倒也许可以做到"无悔"的地步,因为根本也没有可以给他后悔的时候了!青年人正在很努力地唱着一出火爆的武戏;老年人却只是静静旁观——兴来时他也许喝一声采,也许自己也来凑一角也难说;而戏文如果不行,他却有不理大锣大鼓之喧哗,而悠然寻访东篱黄华的自由。斯威夫脱又何必这样极力敛抑,惟恐为青年所厌呢?

三 病

初闻劳仑斯(D.H.Lawrence)之名,还是在十几年前刚到北平读书的时候。那时北平正在翻印他的小说《贾泰蓝夫人传》，因为这本书有些猥亵的地方，在外国一向是一部禁书，所以北平聪明的书贾便不但把它翻印，而且还特为印了不少传单，到各大学分送，记得传单上还大书"雪夜闭门读禁书"七个字。据说此书销路很好，竟在两三月内便连出了两种汉译本。(最近在《大众》杂志上连载的《蔡夫人传》，也就是译的这部分，不过恐怕是把可禁之处都先删掉了的。)后来又在杂志上看到了劳仑斯的几封信，也看到几张他的照片和画像；此外又看了他几部小说如《白孔雀》《虹》等等，却总觉得不甚高明，于是便想起：也许这个人本身倒比他的小说更有意思罢？所以在昆明燕卜荪教授处借到金士密（Hugh Kinsmi11）的《劳仑斯传》的时候，便觉得很为高兴了。

从这本传记中，我证实了读他小说时所得到的印象——劳仑斯是一个完全病态的人。

文人在战争中的反应，有时实在令人难以测度。这次战争中，英国最优秀的女作家吴尔孚夫人（Mrs.Virginia Woolf）自杀了，她忍受不住战时生活的极度紧张。在上次大战中，劳仑斯也陷入了很深的病态。这时候，最难堪的是他的妻子，弗黎达（Frieda）。

下面就是一段他们日常勃溪的描写。那时名作家茂莱（John Middleton Murry）和他的夫人曼殊菲尔（Katherine Mansfield）正和他们同居，所以见闻特详，这一段便是茂莱讲出来的：

"……战事发生之后,劳仑斯的脾气越来越暴躁了,他和弗黎达之间的僵局也就越来越多。劳仑斯不喜雪莱,痛恨尼采,而弗黎达却偏喜欢为这两位'哲人'辩护,往往惹得劳仑斯怒气冲天。他便骂:

'胡说!你懂什么雪莱?你知道些什么东西?要是你敢再说一个关于雪莱的字,我就……'"下面便有不堪形诸笔墨的字眼了。

有一晚,茂莱夫妇正坐在他们自己的屋里,忽然听见一声惨呼,门户飞开,弗黎达冲了进来,她大叫着,"救命呀,他要杀死我了!"

这是一间很长的房间,本为友好们集会之所,当中安放着一只长长的桌子。弗黎达就绕了桌子横冲直撞地奔逃,后面紧追着劳仑斯,也在高叫,他嚷着:"我要杀她!我要杀死她!"椅子都打翻了,茂莱好容易才保全了桌子上的一盏煤油灯。

虽然形势如此紧张,茂莱却居然并不出面调停;曼殊菲尔也安坐在火炉边上的坐位里,连动也不动一动。忽然之间,只见劳仑斯颓然坐进了一张椅子,弗黎达也坐了下来,接着就是大家不开口——一个长长的静默。一会儿,弗黎达起来了,回到自己家去。剩下三人,还是一声不响,直到最后,劳仑斯也颤巍巍的站了起来,说声"晚安!"也走了。

明天早晨,茂莱和曼殊菲尔倒放心不下,到劳仑斯房里一望——却见他们俩正并肩坐着,劳仑斯正在静静地为弗黎达修饰一顶帽子呢!

　　劳仑斯是死了,但是他照片上一对忧郁苦闷的双眸却真叫人难以忘掉。弗黎达还健在,默师前几年欧游时还见到她,说是一个"可怕的"女人。

　　近来很怕静寂,因为静了就不免要胡思乱想,而想到可怕之处,竟可使我夜不成寐。心头想说的话又往往不知道要怎样说法才算是没有碰痛别人,虽然我根本从无碰人之意。于是枕边辄置往日笔记之类,时时翻阅;每值终宵鱼目,便以自遣。偶然凑得几条,适符"生、老、病、死"之数,而所记者总算还是大家有些记得的人,就拿来还《古今》的一笔文债罢。鸣蝉之渐无声息,盖亦未始不是因为天气太冷之故耳!

选自《古今半月刊》一九四四年第三十九期

// 抗战四年来之西南联合大学图书馆

严文郁

一、沿 革

国立西南联合大学图书馆随神圣抗战而诞生。虽属草创，以其为北大，清华，南开三校图书馆联合而成，根基固厚也。

溯自"七七"事变，平津沦陷，政府不欲弦歌中辍，乃于十一月一日，合并之校成立临时大学于长沙。图书馆为教学之命脉，同时成立，时以事出仓卒，三校图书未及运出，人员亦多未赶到，乃与北平图书馆合作：在长沙各书肆购置中西之参考书籍，以应急需；惨淡经营，规模粗具，是为本馆鞠育时期。

旋以南京不守，鄂湘危急，本馆于民国二十七年二月，随校浮海来滇。本校初以文法学院设蒙自，理工学院设昆明，本馆亦因其需要，设总分馆于两地。是时本馆除增购书籍外，中央研究院之社会，史语，天文，动植物，心理五研究所之书籍，亦借与运滇；虽不称丰，亦庆小康。来昆不久，本馆即行改组。缘二十七年秋，北平图书馆自在昆设办事处；借与本馆之人员，全部调回；图书除西文期刊外，同时提去，而中央研究院之存书，亦陆续归还也。自此本馆添聘人员，并开始向国内外大量购置书籍，是为正式建立时代。

二、组　织

本馆成立之初，直属常务委员会。后奉教部改隶教务处。拟本大学规程，设主任一人，下分七股，其执掌如次：

（一）总务股　掌理文牍，会计及其他事务方面各事项。

（二）采访股　掌理图书之采访，购置，登记及装订各事项。

（三）中文编目组　掌理中文图书之分类及编目事项。

（四）西文编目组　掌理西文图书之分类及编目事项。

（五）阅览股　掌理图书之庋藏，参考，出纳各事项。

（六）期刊股　掌理中西文期刊之登记保管以及阅览事项。

（七）讲义股　掌理各系讲义及本校所有文件之印行事项。

此外，另设图书设计委员会，由各院院长、教授会代表及本馆主任组织之，决定工作计划、分配购书预算。

三、馆舍

本馆在长沙时期：总馆设于韭菜园圣经学校大礼堂，分馆设南岳圣经学校分校，迁昆后，总馆设昆华农校礼堂，分馆设拓东路迤西会馆正殿，蒙自分校则设分馆于法国领事署，二十七年秋，分校迁回，蒙自分馆撤销。二十八年秋，本校新校舍落成，文法理三院及本馆皆移新校舍北区，馆址位于校舍中央，作丁字形。虽属简朴，而宏敞可喜；前为阅览室，能容八百人，后为书库，可藏书十万册。

至拓东路工学院分馆阅览室，可容四百人，师范学院分馆约容二百人，而设地坛分馆阅览室则容六十人。新舍南区理学院专门期刊室可容三四十人，而北区文法科期刊室则容六七十人。二十九年叙永分校成立，本馆派员前往开设分馆，三十年秋，分校迁回，分馆亦复撤销。

四、藏书

（一）经费来源　本馆迁滇之时，藏书原属有限；后以员生激增，为供给参考上之需要，自非大量采购不可。查本馆图书经费来源，除中英庚款管理委员会补助之开办费及本校之经常费外，教育部于廿九年、卅两年先后拨给美金作购订英美书籍之用。此外世界学生救济会亦捐赠本馆国币七八千元之巨款。四年之图书经费总计为：国币二十三万余元，美金二万一千四百元，其分配方法：长沙时期，视各系之需要而定；来昆后，改用各系平均分配办法。

（二）采购书籍　经费既属有限，采购尤感棘手，本校甫抵昆明，即遭外汇之统制，更因欧战关系，国外书店坚持现款交易；而交通梗阻，邮寄迟滞，有时意外损失。更以滇越铁路中断，平沪书籍无法邮寄，对本馆影响尤大。至内地邮局拒绝收寄书籍，益使文化食粮发生恐荒，由上诸端，购书困难可概见矣。截至卅年十一月止，本馆自购藏书计：中文书籍二万九千七百六十一卷，西文书籍一万二千一百七十册。三校及其他各机关借用者尚不与焉。

（三）赠书　抗战以来，我文化食粮异常缺乏。民主阵线国家中各文化团体，为援助我树立后方文化基础，莫不踊跃捐赠，本馆所收到有价值之书籍，已蔚为大观。其中以英国各大学之赠书最巨，约值两千磅以上，其次美国加洲大学、哈佛大学之赠书，亦多珍品。友邦之助，良可感也！

五、编　目

（一）中文编目　本馆中文编目：分类系按刘国钧中国图书分类法，著者号码即以万国鼎著者号码表为依据。每书备有著者，书名，分类，排架四种目录；前二者按笔画多少排列，后二者按分类系统顺序。

（二）西文编目　西文编目：按杜威十进分类法，著者，书名，目录按字母混合序列，因人力不敷，未制标题目录，现以分类目录代。

六、阅　览

初本馆在长沙及省立昆华农校时，以人员缺乏，复无书库，采用开架式，阅者称便。以间有遗失，待移入新址后，复改为书库制，重订阅览规则，以杜流弊。

（一）借阅原则　因馆内藏书有限，除本教职员因参考上之需要，得特予通融外，同学借书均限室内阅览，借收减少遗失与增多阅读机会之效。

（二）阅览时间　每日：上午，七点至十点；下午，十二点至五点；晚间，七点至十点。星期日照常开放，以利阅览。

（三）指定参考书管理规则　本校功课繁重，各教师均有参考书之指定，惜阅览室容量与书籍数量不敷，难免僧多粥少之争：往往在开馆之先，门前草坪上，早已万头攒动；既入之后，占座抢书，甚至携书外出，干犯规则，以满足求知欲望。馆中为维持秩序计，规定下列办法：(a)惩罚———一次不还，罚款五角，以示警告；连续四次不还，记小过一次。如犯过多，则呈请学校议处，此为消极防止办法。(b)预约券之发行———为调剂大众阅读，避免少数人把持起见，实行预约办法循环阅读，俾得周览。上列情形，为战时特殊现象；其治本之法，须在书籍供应问题解决以后耳！

七、期　刊

本馆所藏西文期刊，多为北平图书馆暂借者。三校间亦自行补充。截至目前已藏有一七七三种，一八六八三册。

中文期刊，则多系由本馆迳向外埠出版社，及昆明各书肆随时购入，少数文化团体及政府机关，亦惠予赠阅。现藏有一三四九种，九八七三册。

报纸方面：其在沪港，南洋以及缅越各埠，所出版之西文报纸，皆有订购。中文报纸，凡国内著名者，全部搜罗。特有价值之报纸，如《大公报》等，即用航空订阅。至本市各报，除每日张贴一份外，复存一份，以备参考。目前所有中文报纸五十二种，西文报纸四种。惜在战时，期刊报纸，不能装订，只能按次捆置，对保存及使用上不无困难。

八、讲义股

本校来昆后，原欲成立出版组，在港订购大批机器。后以滇越铁路破坏，而滇缅公路运费太昂，事遂中辍。改设油印所归本馆直辖。以承印讲义故名。因各系印讲义太多，故限纲目以资撙节。其以讲义代课本者，则酌向学生收费。目前讲义股为本校唯一之印刷部门，全校文件皆归办理，无形中形成一印刷所矣。

九、系图书室

本馆除在工师两院，设立规模较大之分馆外，复因校舍辽阔，及为减少空袭损害起见，在能负责保藏与公开阅览条件之下，鼓励系图书室之成立。并就各系之需要，或以一系为一单位，或联合数系成立一室。其所藏书籍由总馆提去自行管理陈列。如被教师指定为参考书，则须送阅览股管理。分工合作，在保存与应用上，均感极大便利。

十、"八一四"之被毁

（一）瓦屋焦土　此次本馆之遭炸，诚为不幸中之大幸。缘去岁敌人蓄意南进时，本校有迁川之议，本馆所藏书籍什志，悉数装箱。后以无北迁之必要，乃将必要参考部分，开箱取用，余仍疏散乡间。书库既空，乃移期刊、与办公室于其间，此次敌人以本馆为目标，大举轰炸，虽不无相当损失，然非一网打尽也。八月十四日过午，敌以重轰炸机二十七架，由北郊窜入本校上空，对准本馆从容投弹四五十枚，皆未命中，仅书库西北东北二角中弹爆炸，房馆倒塌，阅览室房顶门窗震坏。阅览室有少数参考书，办公室新到未编之书及期刊室之杂志报纸，被掩埋瓦砾中。而重要文件物品，则因预先置入防空洞中，未被殃及。当时火起，因抢救得力，旋即扑灭，同仁夙夜挖掘书籍文物，迨敌人连续轰炸至十八日停止时，本馆抢救工作，即在紧张空气下完成。总计此次损失：除杂志报纸，因遭土压水浸无法保存外，书籍伤损者仅二三百册；至器具则荡然无存矣。为安心整理劫后残余起见，乃移书于西山之某寺中。因校中限令十月开学上课，暑假期中改为全日办公，故查晒书籍赶工至为忙碌。

（二）恢复旧观　一月工夫，整理完竣，而本馆原址亦重建落成，一切恢复旧观。开学时，本校各部崭然一新，在一团朝气中如期上课，本馆阅览室亦准时开放。有鉴于此次轰炸，乃于开学后，除将指定参考书仍陈列大阅览室外，余悉改存地坛分馆书库。该地除中西文书库外，另辟阅览室以备同学阅读普通书籍之用，惜为房舍所限，仅能容六七十人耳。此次修理阅览室及重建书库，费时一月，用款数万元；圬而不粉，华美虽不如前，而壮肃过之，大阅览室因一年级自分校迁回，复添置桌椅各数十，冀抢座之风稍遏。目前本馆已将炸余目录，卡片，借书账目等，整理有序，工作已告一段落。刻正向另谋新发展中迈进！

十一、今后设施

轰炸为吾人工作上警惕之鞭——今后努力之步骤，按四大原则以进行：

（一）书籍之保存与利用　抗战期间，购书困难已如前述，故保护书籍之安全，为图书馆之惟一要务。本馆自开学以来，更加努力疏散书籍，然绝不忽略充分利用之原则，偏处城郊之地坛分馆即其一例。

（二）征求书籍　抗战以来，国家经费困难，本馆经费本已拮据，而本校人数日益增加，外汇高涨，法币跌落；所需参考书往往未购一半，经费即已告罄。为解决此项困难，兹已向国内文化团体及海外友邦，积极呼吁，只要海上交通不断，必肯源源惠赠，汗牛充栋可预期也。

（三）改善西文目录　目前因欧战关系，西书邮寄迟滞，工作稍见轻松，拟添制西文书标题目录及分析片，便利阅者。

（四）添印藏书目录　本馆人手与经费缺乏，迄未备有藏书书本目录。拟于人员无缺，经费许可时，添印藏书目录，以飨外埠爱护本校之人士。

十二、结　论

自发动神圣抗战迄今四载有半，本馆于此狂风暴雨中，诞生，洗炼，茁壮！值兹太平洋掀起巨涛，倭寇行将切腹之际，仰瞻胜利曙光之余，回忆四年来之坚苦奋斗，不无感焉。盖抗战以来，物质与人事上之困难，几为普通现象，而文化机关尤感此苦，本馆不为例外：采购之困难，书籍之不敷分配，馆舍之毁建，收藏之屡迁……诸如此类不尽觏缕。是以数年以来，毫无建树，所幸海外热心文化人士，不时予以物质与精神上之援助，始有今日！尚望今后仍本初衷，不吝珠玑，惠予指教，俾本馆得发扬光大，与山河共永，是所企感！

选自《中华图书馆协会会报》一九四二年第十六卷第三、四期合刊

国立西南联合大学图书馆概况

联大图书馆

（一）总　述

民国廿六年七月平津沦陷，两地学校纷纷南迁，政府为维持高等学校教育起见，特在长沙西安二地设立临时大学两所。长沙方面系就北京清华南开三大学组织，长沙临时大学即本校之前身。惟成立伊始，三校原有图书均未及运到，故图书设备亟待充实，爰经商得国立北平图书馆之同意，合组临大图书馆。当时组织采馆长制，隶属临大常务委员会，与教务总务二处平行，馆长一职由北平图书馆馆长袁守和先生兼任。本馆在袁馆长规划之下，开始采购与征集，三个月之间，入藏中文图书及小册约六千册，西文原版书及翻版书约二千册，但以战时交通关系，国外新书多未能按时寄到，且限于经费，未能精选善本，故所购者多系与教学有关之普通书籍。十二月底南京失陷，武汉动摇，学校为维持久远计，乃决议西迁后方。二十七年一月本馆图书均装箱准备运滇，并商借中央研究院心理社会历史语言等研究所寄存湘之全部图书，由临大负责运滇陈列保管。计历史研究所图书二百余箱，心理及社会二研究所图书各数十箱，连同本馆图书共四百余箱，于三四月由港防陆续运滇，抵滇后学校更易今名，总部设昆明，分校设蒙自，本馆亦分设昆明蒙自两地。

二十七年八月底，蒙自分校奉命结束，蒙自分馆图书三百余箱相继运昆，九月中旬到达，十月开学时，文法理三学院假云南省立农业职业学校校舍上课，工学院设于拓东路，本馆爰在农校文法理三院所在设立总馆，于工院所在设立分馆，是时袁守和先生因在港工作繁忙，未能兼任，辞去馆长之职。学校当局乃改组图书馆，缩小范围，改馆长制为主任制，隶属于教务处。二十八年夏校中在昆明及大西门外建筑新校舍，本馆得新馆一所，计大阅览室一间，书库一大间，办公室四大间，期刊阅览室一间，期刊库一间，大阅览室同时可容六百余人，书库可容图书五万册，至是规模粗具。二十九年夏，敌寇进据越南昆明，时遭空袭，本馆为安全计，乃将一部份重要图书移置郊外，同年冬学校设分校于四川叙永县，本馆乃将一部份图书移置分校，成立分校图书馆，但至三十年冬，分校迁回，分校图书馆乃不再设立。

（二）组　织

本馆在组织上隶属于本校教务处，设主任一人，承常务委员会及教务长之命，办理全校图书事宜。下设职员二十三人佐理之，以总务、采访、编目、阅览、期刊、影片及讲义七股，暨工学院师范学院两分馆及中山室等十部门分司其事，列述如后：

一、总务　掌对校内外之文件，馆内事务暨参观招待事项。

二、采访　掌图书之介绍调查搜集订购暨图书经费之领款登记报账等事项。

购书经费年有损益，以款项性质言之，可别为经常费、建设费、公共必修教科书费、各系增拨添班费及其他特款。建设费非每年必有，公共必修教科书费为采购一年级各系共同必修教科书之用，在太平洋战事爆发以前，因须购买西文图书，尚可请领外汇，今则交通困难，国外购书无形停顿。

本校自迁昆后，陆续添购图书，复承英国牛津等大学慨赠一千余册，各系用书乃略有可观，规模粗具。方拟广为搜集，以期成立一完备之图书馆，而太平洋战事爆发后，滇缅路又复中断，订购不便，且有一部份图书于运输途中遗失，良可痛惜。现时所可购得者，仅限于国内出版之书以及在各旧书肆觅得之一小部份，计中文书籍三二一七七册，西文书一三〇〇三册而已。

三、编　目

本馆入藏中西文书籍皆陆续编制卡片目录，惟书本目录因时间及经费尚未着手，卡片目录中，中文书有书名著者两种，按笔画多寡顺"永"字八笔法次序排列。另有分类目录一种以辅助上述目录之功用。西文书备有著者、书名、标题三种卡片目录，按字母顺序排列。分类方面中文采用刘国钧中文图书分类法，西文则仍沿用杜威旧制。

四、阅　览

为本馆重要工作之一，兹概述如后：

（1）阅览地点之分布——本校各院分散各地，为员生阅读便利计，除设总馆于校本部外，另设阅览室于各学院。普通各类书籍参考书及巨册线装书籍均置总馆陈列出借，其工学院特殊需用之图书另置于工学院阅览室，师范学院特殊需用之图书则置于师范学院阅览室，理学院特殊需用之图书亦同。至各系特殊用书，得由各系主任向总馆借取后，置于各系办公室内阅读或转借各该系学生。

兹将各阅览室分布地点及其概况分述如下：

1. 第一阅览室设于校本部，内置大长方桌一百零六张，同时可容六百人阅读，光线空气均佳。

2. 第二阅览室设于工学院可容二百人阅读。

3. 第三阅览室设于理学院可容八十人阅读。

4. 第四阅览室设于师范学院可容二百人阅读。

上述四阅览室阅览人数平均每日共约千余人。

（2）书库及藏书——本馆为借阅计，普通书籍如文理科及社会科学方面书籍均置于总馆书库内。内藏中文书三万册，西文书一万数千册，内中一部份系清华书籍，均得于办公时间内按规定手续借阅。此外各教授并得列单指定参考书送馆另列书架，以备各该科学生借阅，借书人数平均每日亦数百人。再阅览室全日开放，值班人员分为上下午及晚间三班，故自晨七时半起晚九时半止，中间连续开放十四小时，极便员生阅读。

五、期　刊

本股另设期刊阅览室，陈列中西期刊二百二十余种，每日阅读人数约二百余人。在昔西文期刊杂志原极丰富，数达千余种，多由北平图书馆常期借阅。自太平洋战起后，来源困难，数骤减少，现仅有 Reader's Digest 等书数十种。中文期刊现仅有百数十种，其中以文史政经等类较多，自然科学次之，工程刊物最少。西文期刊杂志大部分为北平图书馆及清华北大二校所寄存，现时尚未经装订成册，惟因年前敌机时袭昆明，为减免损失计，大多疏散乡间，现空袭较少，一部份已陆续运回整理。

六、图书影片

去岁国际文化学术资料供应委员会委托本馆经理昆明借阅图书影片事宜。本馆除代借予昆明各机关团体阅读并代各机关团体交换影片事宜外，又于本馆成立图书影片股，在校内另辟影片阅读室四间，放映影片，以供员生研读，平均每日阅读人数可十数人。

七、讲 义

掌校内讲义文件等之缮写印刷事宜。

八、中山室

三十一年十一月本校奉中央训令成立本室，旋经于十二月筹备完结，于三十二年一月开放阅览。本室旨在使能成为一小规模之民族历史文化研究室，故入藏图书有（1）总理遗教总裁言论及先烈遗著（2）国史及民族先哲遗书（3）国父之时代（4）图画影片及遗留物（5）期刊及日报。此外，凡与抗战有关之书籍均由馆存中山室，并陆续征购充实之。现本室已藏有书籍四千余册，期刊数百册，每日阅读人数约数十人。

选自《中华图书馆协会会报》一九四四年第十八卷第五、六期合刊

清华大学图书馆劫后经过概述

佚 名

民国二十六年七月,卢沟事件,竟为燎原星火,北平近在咫尺,首当其冲,时方暑假,馆中职员半在假中,当时一般推测,事件未必扩大,嗣中日军队接触,北平关闭城门,内外隔绝,迨日军入城,交通始复,馆员乃将该馆及各系预装之图书仪器五十余箱,及书中目录文件卡片等,运存城中某处。一面复谋续运,旋日军占据校舍,公物不能携出,叠经交涉无效。时馆中所藏中西文图书,期刊与夫杨氏藏书之未编目者,不下十数万册,忍痛割舍,良足惋惜。

是年九月部令清华北大南开三校设临时大学于长沙,并有国立北平图书馆加入合作,馆中职员蒙召南来者仅四人,当时以案卷工具等件不全,各事无从着手,仅收受及清理北平转来之书籍期刊。

廿七年春,部令临时大学迁设昆明,改称西南联合大学,时清华各研究所，随同来昆成立者，计为五部，需用图书期刊甚多，惟职员四人，一人调往教务处，一人调往联大图书馆，一人押运汉口存箱，移存重庆，在馆工作者仅一人，鲜有成绩；暑假后联大教务逐有进展，以图书馆成立未久，书籍甚少，苦不敷用，遂决将存渝之图书，大部分运滇，供联大师生之用。职员共六人，除沈刚如君调往教务处，刘中藩君茅宗藩君服务联大图书馆外，在馆工作者，唐贯方君郑殿祥君夏邦彦君三人而已。年余各处迁徙，此时暂告安定，兹将各部工作报告于次。

购置 初入手时，最感困难者，厥为清理旧欠，均系廿六年六月以后，各国寄往北平书籍，经平保管委员会转寄长沙者。当时南北多阻，邮递遗失，在所难免，在馆中不能确悉某书是否收到，未便付歀，而书商则以旧欠未清，不肯续寄新书，故廿七年六月至十二月，虽曾发出订购书单六十余件，外商均置不理。本年正月间，曾将清出旧欠，向政府请求外汇，但历时数月，迄无结果，三月中，内外叠经磋商，或暂还旧欠一部，或预付新书书款，始陆续有书寄来，而函件往还，延迟已达三月之久。现在已付出订书单二百三十三件，计书一千五百余种，期刊三百余种，已到新书已达一千四百余册，期刊约达四千余册。中文书籍之购置，事变后在平手续完全清结，南迁后未再大量购置，嗣后拟就地搜集滇省出版书籍，略备他日之参考。

登录及编目 收到新书，均经登录，西文书登录号自八〇〇〇一号起，中文书自五〇〇〇一号起，装订期刊自Ｐ〇二〇〇〇〇号起，俾将来抗战结束，能与旧号衔接。现在图书编目仍沿用向时旧法分类，以昭一律，馆中人员不足，西文书暂由调往联大图书馆之刘中藩君公余代编，中文书为数不多，则由本馆夏邦彦君抽暇自编。

阅览　该校研究所各部，散居各处，俱自有图书室，故本馆中不设阅览部分，新书编就，即登簿送交各部自理，联大各系借书，则由馆备单送交联大图书馆转达。

书箱　该校运出书箱始存汉口，继移重庆，廿七年冬，提运四十一箱至昆明，嗣又提运九十五箱，共计一百三十六箱，均系联大各系及本校研究所所需者，现在已开箱送交联大图书馆转系者，计书五六六一册，期刊九八四册送研究所各部，计书二二三册，期刊一八五册。此项工作，开箱时，必需经过核对，然后补片包扎，打单，排片，等手续至为烦琐，亦最费时间，每开箱一次，迄手续清了非四五日不办，而借剩之书，又须归并重装箱内，以便保存，而免散佚，所补卡片，除借出者另排以备核对外，余片亦按著者，书名排顺，以便随时检查，片下可注明重装箱号，自一号起，而冠以字，事变后暂存某处之箱件，亦于本年三月间运来，分别借与联大各系应用。

赠书　所购书籍，均系关于理科方面者，而以研究所占大多数，外国语文系陈福田先生鉴于系中用书不足特介绍美国史丹福大学 H.J.Hall 教授筹赠本馆文学书籍二百四十五册，又章元义先生介绍康奈尔大学 C.I.Walker 教授赠送本校装订期刊 American Society of Civil Enginering, Transactions 四十五册, 及 Society for the Promotion of Enginening Education, Proceedins 三十册, 两处均由本校郑重函谢, 各书亦均编好, 分别转交各系应用。

选自《中华图书馆协会会报》一九四〇年第十四卷第六期

西南联合大学新校舍记

郑临川

西南古号蛮夷之区，中原人士非由窜谪而来此者盖寡。故文化之水准，不足与中原比拟。民国四年，护法军发难于滇，成再造共和之义举，而西南在近代史中之地位始著。二十六年十月，倭祸肇于华北，平津沦陷，于是作育人才之最高学府，若北京、清华、南开诸大学，相继南迁，跋涉万里以来滇。三大学者并合为一，有西南联合大学之称。教授多海内名师，学子数千人，济济称盛。执事者既感租赁屋宇之不敷应用，且谋数年安定研读之大计，往商诸地方官吏，划城西北郊莲花塘数十亩地，以作校址。购材雇匠，大兴土木，经营造作，朞年而有成。茅椽瓦屋，栉比参差。虽因陋就简，不加修饰，而广厦数百间，大庇寒士。北枕铁峰，南面城阴，其前为汽车通路，市人驮载，铃声丁东可闻。东向则平楚茫然，山城落照之景，可得而赏。其西则滇池千顷，浩荡无际。碧鸡山横展翠黛，雄踞霞表。舍外周以玄垣，舍内曲径周环，贯穿四达。凡宿舍、餐厅、图书馆、课室，莫不备在。旧有莲池古松十数章，三五之夕，明月半墙，松影婆娑，如魑魅怒发髯髻，张其兀立刺天之状。日中员生数千人，分班授业。明窗净几之间，和乐之气常满。朝乾夕惕，不敢少懈。虽无昔日之高楼壮宇，然于四海干戈之际，聚良师益友于一堂，化雨攻错，图书罗列，何啻娜嬛福地矣。昔勾践不殉会稽之耻，以生聚教训之功，卒沼吴国。方今国难正殷，我政府犹竭力维持教育事业使不坠。兵役不加乎学子，复耗巨款，以营兹宅，用心良苦。故为学子者，必各明其报效国家之分，兢兢业业，勤于所学。一成可以兴夏，众志足以成城。旌旗东指，扶桑慑服。复大汉之旧疆，开历史之新纪，庶斯宇之不虚筑也。

选自《国文月刊》一九四〇年第一卷第二期

// 自由教学的西南联大

自 汗

在大后方争取民主的浪潮里,西南联大始终保持着积极的斗争的姿态,尤其是在过去这一年内,她在昆明一般的大中学校里,无论是在思想上,或是在行动上,始终居于领导的地位。例如过去为前方战事捐款,联大同学表现得最为踊跃、热烈,黔桂战事吃紧的时候,全昆明援助贫病作家的这一运动,是由联大号召推动起来的,仅联大一校经过捐款,就达一百六十多万。最近四月六日对国是的意见,全校同学只有五十几个没有签名。

正如蒋梦麟先生所说:"为什么只有西南联大可以这样由几个大学联合起来而不发生问题呢?原因无他,因为有民主。"无怪乎连国际友人都认为西南联大是大后方的"民主酵母"了。

一方面是荒淫和无耻,一方面是严肃的工作,这种现象到处都是一样,联大又何能例外。不过目前在大后方的这一个角落里,的确可以说民主自由的空气比较来得浓厚一点。

这儿不少正统的学院气息,这儿更不缺乏英国风度的绅士教授,但学术自由这个口号是谁也不敢公然认为不当的,英国的莎士比亚,印度的佛学,在这儿一视同仁毫无歧视,所以马克思的《资本论》,仍然可以做为经济系的指定参考书,至于英国拉斯基教授的著述,自然更没有什么可以禁止的理由了。

在联大,除了工学院的情形稍有不同外,其他院系是很少有点名的事情的,上课是相当自由的,除了有时你得自己抢座位搬椅子,因为教室太小,旁听的人又多,去晚了就只好站在窗子外面听,在联大旁听课的人真是三教九流,无所不包,有外系同学有助教有教授,有教授眷属,有附近别的大中学的教员学生,甚至有与教育学校文化等完全无关的人。物理系的教授旁听算学系的课,算学系的教授旁听中国文学系的课,一点都不奇怪,而且那情形,除非你特别熟习内情,局外人简直看不出来有什么特殊的地方来,因为教授穿的和一般同学都差不多,甚至还要寒伧。

雷海宗先生上中国通史是在联大最大的一个教室里面,雷先生一无课本,二无讲义,不分冬夏晴雨,老是提了一把黑布雨伞上课,上得台来,滔滔不绝,如讲故事。去年就有一位做游击商人的大老板经常去旁听,在窗外还有附近烧饼铺的一位老板,也是每课必到。闻一多先生的庄子课屋里屋外,全挤满了人。闻先生语调深沉，富于感情，内容更是精湛博大，一部庄子，包括了古代学术思想史，文字学，社会发展史，辩证法，真可谓为"左右逢源，头头是道"。哲学系的沈有鼎先生每讲必到，从不缺一点钟，讲到会心之处，先生学生彼此相视而笑。这种空气恐怕只是此地有，不是别处所能常见的吧。

  联大的壁报，经常有二十多个，除了少数是由自治会或系办的而外，大半都是个人办的。学校训导处，虽然规定有事先送审的办法，但目前这条规定也仅仅是规定而已。各种学术讲演与时事座谈会，也全都是公开的，每次校外的人都有不少来参加的。讲演完了，时间常已经是很晚，一群一群的同学会自动的护送教授先生回家。入夜裸街上冷清清的，大家一边走着，一边谈笑，那种情景，非亲历其境的是不大容易领会的。

选自《战时教育》一九四五年第九卷第四期

// 淡写联大

亮　生

　　时间过得真快，到昆明已将两月了，我们这学期大概只行十四周课，那末上课时间只有一月。

　　联大现分为三部份：工学院在城里，师范学院在大西门与西车站之间，其他的文、理、法商等学院则在大西门附近的"新舍"。新舍是联大的最主要的部份也是我的所在地。新舍顾名思义可知是新建的，大体上可以再分为四部：学校行政机构、男生宿舍和一部份教室在川滇铁路与环城马路之间称北区，范围最大。环城路以南是教室称南区。以上两区房子全是平房，有茅草顶的，有瓦顶的，也有白铁皮顶的。下雨天听密雨打在铁皮上的声音常可引起一种充实、宁静的感觉。南区以南穿过折毁的城墙孔道，再走一二百米有两间大教室，"通史"、"经济概论"、"物理"等课，就在这里上。因其前身是昆华中学的食堂故称昆北区。昆北再南穿过文林街是联大附中，紧接的是女生宿舍称为南院或南苑。大体上房舍还不算零乱，每点钟走几百米去上课对于少于运动、跳跑的大学生，我以为是应该的。

膳食方面大体分为两大集团：一在南院一在北区。所以的男同学（除少数在外面吃饭外）及少数的女同学属于这个，其中又分为十余个单位。开饭时间，亦略有不同，负责人用选举法产生，只要是膳团一份子就有权过问关于膳食的事，所以办得相当好。在昆这样高的物价下，五、六千元，虽然只有两顿，总算可以吃饱了。

一方面因为昆明早晚与中午温差甚大，一方面恐怕由于懒吧！联大的膳团却没有早餐，有时有稀饭，但为数极少。早餐除了可以在校门外瘠集的豆浆油条小摊上享用外，学生救济委员会与基督教会办的学生服务处有馒头豆浆供给。每晨两个馒头一碗豆浆，八百元一月，自己买点黄油 cheese 夹起吃也还不坏。学生服务处又有阅览室、茶室、浴室、打字班、音乐会、土风舞班等为同学服务。

精神方面，第一可说是的联大教授真多，我选的六门课中，有五门是教授上课。有人说联大教授之多，在中国教育史上是开新纪元（一系有多至十余位者），以后三校分治无疑的是会分散，这确是令人遗憾的事。图书方面还勉强够用，讲演会大都在纪念日举行，经常的有"战后中国系统演讲"，每星期有两次，主讲人都是各系的名教授。诗歌朗诵会等不时也有举行。关于壁报，检查较宽，可以说你心中任何想说的话。

电影远较重庆为佳，声光均甚好！剧人较少，话剧却不及重庆，游山旅行之风在此亦盛，每周总有一两起吧。

至于迁校问题，以现况观之，大概在明春后才能实现。

选自《友情》一九四五年十月第二期，油印发行

// 西南联大两教授之红学讲座

向 隅

抗战期中,昆明的"西南联大"的学术研究,颇富自由风气。不说别的,就单拿"红学"一课程居然设了讲座这一件事来说,其自由讲学空气已经可想而知了。

所谓"红学",不是研究共产党的红军,而是研究宝哥哥林妹妹的《红楼梦》。这个名词在乾嘉时即有,但是没有人注意,一般以前中国文学史更略而不谈。自从英国牛津大学教授 GILES 著《中国文学史》提出了它,才大谈而特谈。民元,蔡元培著《石头记索隐》,五四后胡适著《红楼梦考证》,俞平伯著《红楼梦辨》,红学重光,颇为新文学家所称道;而坊间言情诸作,无论新旧,固无一不从它脱胎。但是学校里公然设立讲座,还是闻所未闻,以前的教授们是没有这么大的胆子的。有之,自西南联大始。真要把道学先生气煞。

联大讲红学有两位先生。一位是吴雨僧(宓),他多情多义，常自命为清华园中的妙玉。他的女公子近年在成都读书，因为需要她侍候，他已经离开了昆明。在他的暮年，当不会再有古佛青灯的感叹吧。另一位是刘文典先生。他烟瘾那么重，一枝香烟不够，接上两三根，抽一口烟，喝一口浓茶，音调低弱，但听众是满满的。刘先生著有《淮南子集解》（商务版），又精研庄子，常自谓真懂庄子的只有两人，一是庄周，一是他。他讲《红楼梦》太高妙了。听说某一次他的学术讲座，因为人多，一连换了三次地方，最后决定露天，还是窗格上树桠上都爬满了人。他用贾妃"花溆二字便好，何必蓼汀"的话，阐述"蓼汀花溆"，"蓼汀"切林，"花溆"语"袭人""宝钗"，侍奉宝玉只要袭人宝钗就够了，何必黛玉？从这大观园初次聚会里，已断定那工愁善病的美人的命运了。刘先生对红学独到的见解极多，这不过随便举一个例。

　　那时听讲的，不但是校内的文科生，就是校内外的理工学院生也争先恐后，趋之若鹜，可见红学的魔力是着实不小啊！上海号称文化先河，凡事不落人后，想来以后也会有人开设这个讲座的。

选自《世界晨报》一九四六年二月十四日

// 从先和现在

——为新诗社四周年作

冯 至

新诗社已经有四年的历史。这四年的岁月可以说是一半在昆明,一半在北平度过的。在昆明时,我曾经被约请参加过几次新诗社的聚会,聚会的地点有时在西南联大的简陋的课室,有时在学校附近的一所小楼上,每次开会回来,心里都感到兴奋,情感上好像得到一些解放。灯光下听着社员们各自诵读他们的作品,彼此毫不客气地批评,我至今还没有忘记一些诗在读诵时所给我的印象,虽然原文我记不清了。当时我把我对于新诗前途的瞻望写在一篇短文《读缪弘遗诗》里,其中有这样的话:

"在十年前,或二十年前,努力于新诗的人也许写过比这里的诗更为成功的诗,或是更美的诗句,但内容这样广大,而文字又这样单纯，则恐怕只有这个时代的青年才能写得出。因为这次战争使我们经验到许多想象不到的事物，尤其在中国，往日许多被蒙盖着的丑恶，以及被隐埋着的美善，如今都自然而然赤裸裸地显在人们的面前，好像在示意于人：新的时代里不容人有一些伪装，早晚都会露出来本来面目。"

同时我由于缪弘（他只是西南联大的学生，并不是新诗社的社员）想到我接触到的一些青年诗人，我接着说：

"他们新鲜，活泼；但不止于新鲜活泼，因为他们深知道他们处在一个既不新鲜也不活泼的社会里。由此他们也更深一层意识到时代所给与他们的幸福与苦难。他们的作品使前一辈的诗人回顾自己走过的狭窄的道路而感到惭愧，他们的声音使一些自居为青年导师的人们失却意义，这中间不是隐隐地孕育着一个新的趋势，新的发展吗？"

其实，那时我读的新诗并不多，我之所以有这样的感想，完全是联大的一些写诗的同学给我的启示。

后来联大新诗社随着南开，清华，北大三校回到平津，组织上分为三个，而精神却始终是一致的，从他们的表现上看来，也许比从先更一致了。至于我所接触到的，则多半是北大的新诗社。但由于它们精神上的一致，我相信我也无形中接触了其他的新诗社。这两年来，世界在变，中国在变，新诗社自然也在演变。在这么多的变化中一切更说明了我两年半前在《读缪弘遗诗》里写的那段话没有多少错误。现在我想到英国诗人 Stefen Spender 的一篇论文：《反抗中的诗人》。他在那篇论文里说，现代的文化中"每一个个人只有两条路可走，一条是被摧毁，一条是与恶同化。现代诗歌是企图追求在毁灭腐化之外，还存在着真率与信仰。"（袁水拍译文）是的，人在濒于毁灭（腐化也等于毁灭）时，只要感觉没有麻木，良心没有丧尽，总该有对于真与信仰的迫切的需求吧。诗是时代的声音，同时也是求生意志的表现；诗人写出他的诗句，不只是证明他没有死，还要表示他要合理地去生活。——在这"濒于毁灭"的面前，全世界诗人的企图可以说是一致的，不管他们表现的方式是怎样不同。

可是这企图不是说出来就完事了。这企图是一种执着的精神，是一种不断的要求：要我们把它当作一生的责任，当作生命的意义；不要以为写出几首诗便算有了交代，情感一发泄便算达到了任务。诗人之可贵，不在乎写几首好诗，而在乎用诗证明了他的真诚的为人的态度。

现代社会的腐朽促使我们很自然地共同走上了追求真，追求信仰的正路。这是前代的诗人要经过很大的努力才能摸索得到的。在不久以前，人们还从修辞学里去学诗的技巧，把说谎当作艺术，把超脱潇洒视为诗人的风格，一个真实的诗人在他工作时先要和这些假传统与错误的观念作一番战斗，这中间要经过很大的克服；如今不同了，这是如何的幸运，我们刚一和诗发生因缘时，便认清了我们的道路，这在许多青年诗人的诗上可以见到,正如我在《读缪弘遗诗》里所写的一般。所以我们现在的问题不在寻找道路,而在怎样在这道路上坚持下去。

选自《北大半月刊》一九四八年第四期

// 昆明大学生在轰炸之下有的是积极的办法
文　化

我们早知道会有今天的，但我们并不惊慌。

昆明有三个大学，联大、云大、同济。有人说大学生是国家之宝，所以我们也曾拿"国宝"二字向朋友们开玩笑，联大的同学曾由北平迁到湖南，再由湖南迁到昆明，现在又要迁向一个更安全的地方。同学们对于住上一二年的昆明城极留恋，尤其是昆明的好气候，谁都舍不得跑。学校中的壁报谈论着迁校问题，有些人说飞机没来就逃，让老百姓说我们这些"国宝"是草包。事实上我们一时也跑不掉，交通和住宿困难，不过同学们终于在空袭之下安静起来，早上六点起身，七点上课，十点下课，下午在三点以后开始活动，每天早上十点至下午三点是我们出城疏散的时间，四散躲在城郊的防空壕中。防空壕，不似重庆防空洞的坚固，但我们却一样看书或睡觉，学校里的仪器早运走一空，剩下的是一座虚有轮壳的建筑。

十月十三日，二十七架敌机狂暴的轰炸，向昆明文化区盲冲，投下一百多枚炸弹，联大和云大损失了不少房屋，不过是房屋中却是空的，仅受碎片毁伤的房屋仍旧可以继续上课。云大校长住宅前落下一枚炸弹，泥土溅得满院子，校长的小少爷却在炸弹坑上检碎片，每一块碎片都是日本平民的血汗。现在却没没无声地埋在中国的土地上。同学们没有什么死伤，连躲在校中的校警和工人也没有死伤，我们在破碎崩溃的房屋下找出完善的东西，建立起更坚强的壁垒。

住在学校附近的十九是贫民，在云大和联大之间有一条住满贫民的"文林街"。一低矮漆黑的屋子，住着一群质朴善良的同胞，他们替大学生浆洗衣服，开小饭店带卖酒纸杂货。他们和大学生过得很融洽，贫民很公平的从大学生手中赚到少量的钱，大学生却从贫民手中得到多量的帮助。他们之间相依为生，学校附近的人都带有书生气，这群人的口中也一样有着一套抗战到底的理论。敌机蓄意要炸文化区，连累贫民们遭殃，低矮的瓦屋，十九被震坍和焚烧。大学生见义勇为，飞机刚炸过，便有一群胆大的学生赶回学校，视察灾区，用红纸旗插在未爆炸的炸弹四周，找寻有火苗的房屋。学校后门口的矮房透出黑烟，大学生捧出科学化的药沫救火筒，浇熄火场中的火焰，老百姓在残余的灰烬旁流泪，大学生在替他们抢救尚可应用的物品，背负轻伤的同胞上医院，替重伤的同胞打绷带，不怕污秽，更不怕殷红的血液。

炸毁了大学生的书籍和被囊，也炸毁了贫民破碎的家具，空袭救济处很迅速地开始救济，聪明的大学生更发起一种施粥运动，立刻有人响应。不到两个钟头，就捐上三百余元，略一估计是足够贫民们四五天食粮。接着发动的是旧衣运动和借款运动，空袭以后我们受到损伤，但损伤很快的就弥补起来。

大学生拿粉笔在歪斜的门板上写："是谁炸毁了你的家？""是谁炸毁了你的父母子女？"……和老百姓一同研讨抗战和建国。再用粉笔在门板上写："在废墟上建设！""打倒日本军阀！"昆明大学生在灾难之中，是国家之宝也是活宝，有哀痛，更有愤怒，他们却更有的是积极办法。

选自《湖南青年》一九四一年第二卷第一期

该不是个大教室在会考吧

——西南联大图书馆印象

张鸿书

北大,清华和南开,是三个很有名的大学。它们原日所有的图书馆,规模大,藏书多,都是出人头地的。抗战以后,逃出危城,迁移到南方,三个大学合并成西南联大,图书馆也由三个并为一个,紧缩了许多。现在联大图书馆的组织,是主任之下,分设采访、编目、期刊、出纳四组。场所的摆布是这样:就该联大的文法学院、理学院和师范学院所在地的农校,设第一阅览室;就该联大各院系一年级新生所在地的昆华中学南院,设第二阅览室;就工学院所在地的迤西会馆,设第三阅览室;总办公室设在农校。经费是就原日额数减支七成每月大概有国币四千五百元。图书有三种:一种是国立北平图书馆寄藏的,以杂志为多;二种是并为联大后购置的,内中文书万一千余册，西文书三千余册，中文杂志千八百余种，西文杂志约六百种；第三种是各大学旧有的，当中北大的全丢在北平，南开的三万余册，运出了十分之八九，清华的十余万册，华北闹自治的时候运来了一部份。现陈列于各阅览室里面的书，多属前两种，故数目不多。因此他们用不着书库，采开架式，书架都靠阅览室周围的墙壁陈列着，任人取阅，只不借出，因为书少。

联大的部分都在农校，那儿的学生也比较多，那儿的第一阅览室也特别大，是用原日农校的食堂改装成的，里面可容四百人左右。那天我们去观光，因为他们的书不借出，须在馆阅览，在室内看书的很多。四百个座位差不多都坐满了，看书的学生，进门去一看，黑压压的一大片人头错落着，不禁会叫你疑惑：该不会是个大教室在会考吧？

选自《教育通讯》第廿八、廿九、三〇期合刊

有志升大学者应注重英文
—— 自西南联大来函

陈安荣

自公吾师：

不亲雅教，迄今三载！在此时期中，求其施教能如吾师之循循善诱者，尚未逢其人，因而益念吾师不置。此次生舍国师而入联大者，实为适应个性与志愿之故。敝校是集以前北京，清华，南开三大学而成，因而校中一切，染外国习气甚深，不善英语者，实难应付。现在一班般初中同学对于英文，都不甚注意，此为一种错误。

——此虽为教育上一值得研讨之问题，但欲升大学者，最低限度，要能阅书。近闻母校对此较好，极感欣慰。生以前在校不甚注意英文，以致今日感觉困难，敬希以此转告母校有志升学之同学，毋再蹈我覆辙也。

专肃奉呈,敬叩
道安

       学生 陈安荣谨上

选自《循程月刊》一九四二年七、八期合刊

// 联大学生自治会
——自昆明寄

陶 愚

本校学生自治会始终是一个坚强的组织。以前在北平的时候固然有,现在搬到这里后仍然能保持了过去的光荣史迹,不,非但保持,我应当说他是比以前更新鲜了,更活跃了。

在去年十二月九日那一天,本校学生自治会,在昆中大教室召开了一次"一二·九"四周年纪念会,出席的有本校教授和同学共千余人。

主席报告开会意义后,即由参加"一二·九"运动的同学报告当时的经过情形,情绪异常激烈。接着由文学院院长冯友兰先生和法学院的教授周炳琳先生相继演讲,对于"一二·九"的历史价值阐述得很是详尽。最后全场合唱《义勇军进行曲》,同学们都是尽欢而散。

又本校这学期曾举行院际越野赛,结果,团体方面的冠军为理学院,个人第一为米泰恒君。

《学生生活》一九四〇年第一卷第三期

// 刘文典的文章作法

立 达

西南联大中文系教授刘文典先生,是国内有名研究《庄子》和《文选》的专家,有一次他对些学生说,要想文章写得好,只有一个秘诀:"观世音菩萨!"当时大家都目瞪口呆,莫明其妙,以为刘先生开玩笑。后来刘先生一一详加解释,却原来是这样的:

"观"——就是要对客观的事物多多地观察,深深地观察,这样才对现实有深入的正确的了解。

"世"——就是必须懂得人情世故,不能太天真,太坦白。

"音"——就是不仅要写出来的文章念起通畅,并且还必须讲究音节上的技巧。

"菩萨"——就是要有菩萨心肠,不仅要同情广大受难的人群,还必须对他们有深切的爱,要立志,普渡众生,把广大的人民从苦难中拯救出来。

选自《新疆日报》一九四六年十二月五日